Detlef Wendler

Jeder Mensch hat seinen Himmel

Detlef Wendler

Jeder Mensch
hat seinen Himmel

Heilsame Bilder der Ewigkeit

© 2020 by Detlef Wendler
Bönnersdyk 4
47803 Krefeld
Fon 02151756718
deuwen@aol.com
www.detlef-wendler.de

Umschlagfoto: AdinaVoicu

Herstellung und Verlag: BoD – Books on Demand, Norderstedt

ISBN 9 783752 608861

Einleitung

Die Themen Religion und Religionskritik sind für mich immer relevant gewesen, allerdings in unterschiedlichen Lebenssituationen auf unterschiedliche Weise. In meiner Jugendzeit fand ich es toll, wie Abraham ein neues Land zu suchen, das Freiheit und ein segensreiches Leben ermöglicht. In meiner Zeit als junger Erwachsener ging es mir um die religiös motivierte Anstrengung zum Frieden und zur weltweiten Gerechtigkeit. Dann, als ich viele Jahre in einem psychiatrischen Krankenhaus arbeitete, wurde mir der Beitrag der Religion zur psychischen – und körperlichen - Gesundheit bewusst. Das geschah einmal durch das gemeinsame Singen mit Patienten, vor allem aber durch die Entdeckung, dass Patienten und Patientinnen sich in der psychischen Krise an religiöse Symbole erinnerten oder gar eigene schufen.

Jetzt, als Pensionär in der vorletzten oder letzten Lebensphase, spüre ich bei mir ein anderes Bedürfnis. Ich suche im Bereich der Religion Antworten auf die Frage nach dem Danach: Gibt es noch etwas nach dem Tod, gibt es das „ewige Leben"? Ich sehne mich nach Hoffnungsbildern, tröstlichen Vorstellungen von dem, was mich in meinem alternden Leben erwartet, vor allem aber auch, was mich im Tod und nach dem Tod erwartet. Ich erwarte eine trostspendende Vorstellung von der Ewigkeit.

Wenn ich sage „Bilder der Ewigkeit", dann meine ich nicht den besonders spirituell qualifizierten Augenblick im Diesseits, den die meisten Menschen irgendwann in ihrem Leben einmal spüren, sei es im Anhören von Musik oder in einem besonderen Erlebnis von Schutz vor Gefahr. Ich meine tatsächlich das Jenseits, also das, was kommt, wenn das Herz aufgehört hat zu schlagen und das EEG eine Nulllinie zeigt.

Ich suche innere Bilder von dem Danach, die gut tun. Natürlich kann ich nicht wissen, was jenseits des Todes ist, kein Mensch kann das wissen. Noch keiner ist zurückgekommen, wie man so sagt, auch die Neurowissenschaften sind per definitionem nicht in der Lage, über das Empirische hinauszugucken. Sie können nur die neurologischen Grundlagen innerer Bilder beschreiben, vielleicht auch ihre Funktion für den ausgeglichenen seelischen Haushalt der Person, mehr nicht. Aber es gibt auch eine Gewissheit des Glaubens, es gibt Vorstellungen, die in sich eine überzeugende Wirkung haben, die evident sind, und es gibt Vorstellungen, die einmal für viele Menschen evident waren und darum in der Tradition aufbewahrt sind.

Ich fing an, Sprachbilder zum Thema Ewigkeit zu sammeln, und ich kam mit vielen Bekannten und Freunden darüber ins Gespräch. Es entstand langsam ein kleiner Schatz an Jenseitsvorstellungen. Manches habe ich selbst gefunden oder erfunden, manches kommt erkennbar aus der biblischen Tradition, manches ist mir erzählt worden oder irgendwie zugefallen, manches erahne ich nur oder erhoffe es mir.

Es ist alles sehr persönlich, kommt aus meinen persönlichen Bedürfnissen und aus denen der Menschen, mit denen ich gesprochen habe.

Aber diese persönlichen Jenseitsvorstellungen bilden in meinen Augen einen wertvollen Schatz. Etwas aus diesem Schatz möchte ich weitergeben ohne den Anspruch, eine irgendwie durch Kirche legitimierte Lehre weiterzugeben oder gar eine Übersicht unterschiedlicher Jenseitsideen zu bieten. Meine Sprachbilder sind subjektiv. Sie sollen Wegbegleitung oder Trost, auf jeden Fall aber für den Leser und die Leserin ein Anlass zum eventuellen Widerspruch sein - und natürlich auch eine Anregung, sich der eigenen Jenseitsvorstellungen bewusst zu werden. Widerspruch in diesem sehr persönlichen Bereich ist normal und Zeichen einer lebendigen Spiritualität. Mein Ziel ist erreicht, wenn die Leser sich ihrer eigenen Bilder bewusst werden, in Zustimmung oder auch im Widerspruch zu den Texten dieses Buches. Die nach jedem Kapitel eingefügten Reflektionen helfen den Leserinnen und Lesern, innezuhalten, das Gelesene zu bewerten und sich der eigenen Position bewusst zu werden. Zu diesem Ziel führt auch die subjektiv lyrische Form der Texte. Poesie macht die Leser frei, selbst poetisch kreativ zu werden. Insofern ist das Ich in den Texten nicht als mein Ich, sondern als ein lyrisches Ich zu verstehen.

Jeder Leser und jede Leserin hat also eine gewisse Wahlfreiheit, auf welche Bilder der Ewigkeit er sich einlässt und auf welche nicht. Indem jemand ein inneres Bild öfter für sich wiederholt, räumt er ihm allerdings eine Wirkung ein. Wie man aus unterschiedlichen Formen der Psychotherapie weiß, fördern oder behindern innere Bilder die Seele, sie stärken oder schwächen Resilienz. Bildliche Vorstellungen der Ewigkeit machen ängstlicher oder freier, stärker oder gelassener, angepasster oder widerstandsfähiger, glücklicher oder unglücklicher, je nachdem. Sie sind wirklich, weil sie eine Wirkung haben. Sind sie „gefunden" oder „erfunden"? Wer das Richtige „gefunden" hat, wird wahrscheinlich nicht von „Erfinden" sprechen, denn die Jenseitsvorstellungen sind subjektiv, aber nicht beliebig. Sie haben ihre Überzeugungskraft in sich, sie leuchten ein. Auch wenn natürlich immer der Zweifel und das Nichtwissen bleibt. Ich habe Gewissheit und muss mir gleichzeitig eingestehen, dass ich nichts weiß. Unser Wissen ist ein Wissen des Glaubens in einem Meer von Nichtwissen.

Manche Gesprächspartner haben mir gesagt, sie hätten gar keine Vorstellung vom Jenseits. Da habe ich meine Zweifel. Können wir Menschen überhaupt denken, außer vielleicht in der reinen Mathematik, ohne unsere Gedanken mit Assoziationen aus der Erfahrung zu unterlegen? Einen meiner atheistischen Freunde habe ich beispielsweise einmal gefragt, wie er sich die Ewigkeit, das Jenseits vorstellt, und er sagte: Ich komme aus dem Nichts und gehe wieder ins Nichts. Eine ehrliche Antwort, die Wertschätzung verdient. Auch eine keineswegs seltene Antwort. Aber ich merkte, dass mich fröstelte. Ich merkte, wie sich diese Antwort für mich verwandelte. Aus der reinen Negation wurde für mich sehr schnell etwas, was zwar nicht sichtbar oder hörbar ist, aber doch mit einem Körpergefühl verbunden ist. Das „Nichts" verwandelte sich für mich in die Erfahrung der Kälte. Wir können das „Nichts" eigentlich nicht hören, sehen oder spüren, geschweige denn riechen oder schmecken. Darum veränderte die reine Negation sich für mich - ungewollt - in eine Erfahrbarkeit. Als Menschen sind wir darauf gepolt, in Erfahrbarkeiten, meist in Bildern zu denken, weniger oft auch in Geräuschen oder Körperempfindungen. Wir denken also auch die Ewigkeit in Bildern, und selbst wenn ich sage „Das Nichts", schleichen sich schnell irgendwelche Bilder oder Gefühle ein. Wenn ich mir aber zugestehe, dass ich ein Bild vom Jenseits haben darf, dass ich mich in bildlichen Konstrukten an dieses Thema annähern darf, dann tut sich mir eine reiche Welt auf. Vielleicht drückt sich manchmal in der Aussage, dass jemand gar keine Vorstellung hat, lediglich ein gewisser Widerstand dagegen aus, sich mit dem Thema Tod und dem Danach zu befassen.

Bei vielen meiner Bekannten tauchte aufgrund meiner Frage allerdings als erstes eine Art Gerichtsszene vor dem inneren Auge auf. Christus auf einem Thron, der die Menschen in Gute und Böse einteilt. Die Guten kommen in den Himmel, die Bösen müssen in der Hölle leiden. Ähnliche Vorstellungen sind auch im Islam dominierend. Auch bei den meisten Menschen, die strikt ablehnend eingestellt sind, also rundheraus die Existenz von so etwas wie Ewigkeit leugnen, ploppen sehr oft solche Bilder auf. Solche Bilder machen Angst. Manche haben schon in ihrer Kindheit wegen solcher Ewigkeitsvorstellungen unter Ängsten gelitten, was allerdings nach meiner seelsorglichen Erfahrung im christlichen Bereich inzwischen selten geworden ist. Ich kann gut verstehen, dass diese Vorstellungen abgelehnt werden. Wenn solche Gerichtsszenen das Einzige wären, was Kirche zum Thema ewiges Leben zu sagen hat, wäre es sehr schade.

Gott sei Dank, es gibt eine wunderbar reiche Welt der Glaubensvorstellungen über die Ewigkeit. Man findet dort wahre Schätze, Tröstliches und Erfreuliches, Phantastisches, Liebevolles, vielleicht manchmal auch Humoriges oder Skurriles oder einfach Merkwürdiges.

Ich verbinde mit den Texten dieses Buches also keinen Anspruch auf Originalität oder Vollständigkeit. Sie sollen etwas Spielerisches haben. Ich bin allerdings der Meinung, dass man auch mit Gedanken an die Ewigkeit spielen darf. Die Engel spielen ja auch. Also bitte lesen Sie nicht alle

Versuche dieses Buches als endgültige Wahrheiten! Ich erhebe nicht den Anspruch, damit etwas theologisch Durchdachtes und Endgültiges zu schreiben. Es sind Gedankenbilder, Traumbilder, tröstliche und stärkende Phantasien, nicht mehr und nicht weniger.

Liebe Leserin, lieber Leser: Ich lade Sie ein mit mir in diese Schatzkammer einzutreten. Es ist nur ein winziger Teil von der großen Schatzkammer der Ewigkeitsmetaphern, die die Menschheit gesammelt hat. Nur ein kleiner Teil, der den Weg zu mir gefunden und mir gefallen hat. Eine sehr subjektive Auswahl. Am besten liest man dieses Buch häppchenweise und lässt die Sprachbilder auf sich wirken, beobachtet vielleicht auch, wie sie sich im eigenen Denken verändern. Ich wünsche Ihnen, dass Sie etwas für sich darin finden. Und falls nicht, wünsche ich Ihnen, dass Sie das Buch als Anregung empfinden, über Ihre eigenen Vorstellungen nachzudenken. Außerdem gibt es noch viele andere Gesprächsmöglichkeiten und Bücher, in denen man zum Thema suchen kann.

Nichtwissen

Denken in Bildern

Du sollst dir kein Bild machen,
sagen sie mir,
von dem, was danach ist,
kein Bild vom Jenseits,
vom Himmel,
von der Ewigkeit,
von Gott.
Aber mein Gehirn kann nicht anders.
Es denkt in Bildern.
Wenn ich mich ängstlich
oder aufgeklärt
von Bildern fernhalte,
wenn ich es auch nur versuche,
so ist es vergebens.
Bilder stehen nach wie vor
vor meinen Augen,
dumme Bilder
von Engeln auf der Wolke,

die unentwegt Harfe spielen.

Als gehörte nicht zu einer zünftigen Musik

auch ein Schlagzeug oder ein Saxophon.

Und gefährliche Bilder,

vom strengen Richter,

der verurteilt

und Menschen wegstößt

in Fegefeuer und Hölle.

Ich habe beschlossen,

anderes zu suchen und zu finden.

Meine eigenen Vorstellungen,

auch wenn ich weiß,

dass die Wirklichkeit vielleicht ganz anders ist,

als ich mir ausmale

an dem Tag,

der kein Tag mehr ist,

an dem Ort,

der kein Ort ist.

Nicht dran glauben

Eines Tages,

dort in der Ewigkeit -

halt, Moment,

du glaubst ja nicht an ein Jenseits.

Das wolltest Du mir schon immer mal gesagt haben.

Okay. Gut so.

Aber

wie würde für dich der eine Tag aussehen,

dort in der Ewigkeit,

an die du nicht glaubst?

Welche Farben hätte er für dich?

Wie würde es in ihm klingen?

Hat er vielleicht einen Geruch oder gar Geschmack?

Fühlt er sich irgendwie an?

Und was bewegt sich darin?

Gibt es da Begegnungen?

Gibt es dort Antworten?

Oder Klarheit?

Du bist doch nicht mehr so jung.

Du hast dich entwickelt.

Egal ob du diesen Tag für möglich hältst,

der kein Tag mehr ist,

diesen Ort,

der kein Ort ist,

egal ob du es für wahr hältst oder nicht:

Wie ist heute deine ganz persönliche Vorstellung?

Und schadet sie dir?

Oder tut sie dir gut?

Todesbilder

Eines Tages,

dort in der Ewigkeit,

sehe ich den Tod ganz anders als jetzt.

Der schwarze Mann mit Sense,

das grinsende Skelett,

alles Unsinn.

Anderes werde ich sehen:

Vielleicht ist ja der Tod eine Frau,

eine „Todin" sozusagen,

eine Todesbegleiterin

eine Heilige,

die heilsam durch den Tod führt.

Vielleicht ist der Tod eine Greisin,

die uns lehrt,

was wir alles nicht brauchen

fürs Lebendigsein,

und uns neu verzaubert.

Vielleicht ist der Tod ein Kind,

das uns zeigt,

wieder kindlich zu werden.

Vielleicht ist der Tod

sensibel, anhänglich, freundschaftlich

wie ein Hund oder eine Katze.

Vielleicht ist er wie ein Musiker

und führt uns in die Trance

der Töne und Harmonien.

Und bestimmt ist er anders,

ganz anders

als all meine Bilder von ihm

an dem Tag,

der kein Tag mehr ist,

an dem Ort,

der kein Ort ist.

Wer mit Freunden oder Bekannten über die Vorstellungen von Ewigkeit spricht, vom Leben nach dem Tode, der kommt meist schnell auf die Frage: Gibt es das, oder gibt es das nicht? Man führt dann naturwissenschaftliche Argumente dafür an, dass es ein Leben danach nicht geben kann, oder auch Argumente aus der neueren Physik dafür, dass Energie durchaus vom Körper losgelöst weiterwirken könnte, ja dass Materie letztlich nichts anderes als Energie sei. Mit diesem Entweder-Oder wird aber die ganze Thematik unzulässig enggeführt.

Der Mainstream gefällt sich darin zu sagen, mit dem Tod ist alles aus. Man kann das mit guten Gründen vertreten, manche empfinden diese Position auch als recht schmerzlich. „Wenn ich ans Jenseits glauben könnte, würde es mir guttun", sagen sie. Unangenehm empfinde ich aber die moralische und intellektuelle Überheblichkeit, mit der diese Position häufig vorgetragen wird. Menschen, die an ein Jenseits glauben, sind nicht intellektuell schlicht gestrickt oder aufklärungsbedürftig. Sie haben nur ein differenziertes Verständnis dafür, dass es neben naturwissenschaftlichen Wahrheiten auch psychische Wahrheiten und religiöse Wahrheiten gibt.

Was bei der Diskussion über die Existenz oder Nichtexistenz des Jenseits verloren geht, ist die Breite und Bildhaftigkeit der ganzen Frage nach der Ewigkeit. Was meinen wir eigentlich, was stellen wir uns vor, wenn wir von Ewigkeit sprechen? Das finde ich viel spannender als das Entweder-Oder.

Und wer ganz in der Entweder-Oder-Frage befangen ist, für den habe ich einen Tipp: Nähern Sie sich dem Problem einmal in der Form des Irrealis. Tun Sie einmal so, „als ob"! Das Als-ob ist ein starkes Mittel, um sich mit Dingen zu beschäftigen, an die man nicht glauben mag. Es verpflichtet Sie zu nichts, einmal so zu tun, als gäbe es für Sie die Ewigkeit, und sich die da für Sie vorhandenen Bilder vorzustellen. Tun Sie spielerisch einmal so, als ob es die Ewigkeit gäbe, und beschäftigen Sie sich mit den darin enthaltenen Bildern.

Ich habe einmal gelesen, dass innere Bilder auch dann wirksam sind, wenn man nicht an die Existenz des Abgebildeten glaubt. Die Vorstellung etwa, die Erde könnte durch einen Kometen vernichtet werden, verändert etwas in meinem Gehirn, auch wenn ich weiß, dass es mit Sicherheit in den nächsten Jahrzehnten und Jahrhunderten diese Gefahr nicht gibt – sonst hätten die Astronomen den herannahenden Kometen schon entdeckt. Darum finde ich es richtig, die Entweder-Oder-Frage erst einmal zurückzustellen und nach dem Wie zu fragen, nach Bildern und ihren Auswirkungen auf mich.

Wenn ich über Todesbilder nicht nachdenke, bleibe ich vielleicht naiv dem verhaftet, was ich schon mal gehört habe, zum Beispiel dem Bild vom Sensenmann. Da ist es gut, die Zahl der möglichen Jenseitsbilder in meinem Bewusstsein zu erhöhen. Das ist das Ziel dieses Buches, Ihnen als Leserin oder Leser eine Fülle an Gedanken an die Hand zu geben und Sie zu ermutigen, Ihre eigenen Antworten zu finden. Das fiktive Ich dieser Texte könnte Sie anregen, zu überlegen, wie eine Textsammlung aussehen würde, in der Ihr eigenes Ich maßgebend ist und die Auswahl geleitet hat.

Der Weg

Aus reiner Liebe

Eines Tages,
dort in der Ewigkeit,
stehe ich auf.
Nicht weil etwas an mir unsterblich wäre,
alles an mir ist sterblich,
auch der Geist und die Seele.
Sondern weil es Gott gibt,
die reine Liebe,
nichts als Liebe.
Stell dir eine Liebende vor,
die ihren Geliebten auch im Tod
nicht loslassen kann,
sondern immer mit ihm verbunden bleibt.
So stelle ich mir Gott vor,
der oder die
mich aus reiner Liebe nicht loslässt,
auch nicht im Tod.
Ich lasse dich nicht,

ich halte dich fest,

wir gehören zusammen,

sagt er oder sie

an dem Tag,

der kein Tag mehr ist,

an dem Ort,

der kein Ort ist.

Sich fallen lassen

Eines Tages,

dort in der Ewigkeit,

sagt eine Stimme zu mir:

Du kannst dich fallen lassen.

Ja lass dich fallen!

Dann

nur dann,

geht es weiter.

Wir fangen dich auf.

Was?

Sage ich.

Jetzt und hier?

Fallen lassen ins Ungewisse?

Das kann ich nicht.

Alle Sicherheiten aufgeben?

Da wird mir schwindelig,

da versinke ich haltlos im Strudel.

Ich hatte schon immer Angst davor,

die Kontrolle zu verlieren.

Eine kleine Hypnose beim Arzt

mein größter Schrecken.

Und diese Angst ist wieder da.

Wenigstens einen Strohhalm

muss ich in der Hand behalten.

So schreit es in mir.

Da spüre ich,

ich habe etwas in der Hand,

ein Stück Holz.

Ich schaue es an.

Ein kleines Kreuz.

Nun ist auf der einen Seite meine Angst,

und auf der anderen Seite ist das kleine Kreuz,

und da ist das Versprechen

mich aufzufangen.

Und so lasse ich mich schließlich fallen

an dem Tag,

der kein Tag mehr ist,

an dem Ort,

der kein Ort ist.

Sterben macht neugierig

Ich stelle mir vor,
dass ich gerade gestorben bin.
Ich stelle mir vor,
wie ich schwebe
in großer Leichtigkeit.
Ich sitze irgendwo oben und sehe zu,
was sie mit meinem Körper machen,
in den ich nicht zurückwill.
Ich sehe,
wie sie noch versuchen, ihn wiederzubeleben,
wie sie ihn schließlich respektvoll bedecken,
Sie legen meinen Körper,
auf eine Trage
und transportieren ihn ab.
So haben es manche erzählt
in ihren Nahtoderlebnissen.
Ich stelle mir vor,
so bin ich am Beginn einer ganz neuen Reise.
Sterben macht neugierig

auf den Tag,

der kein Tag mehr ist,

auf den Ort,

der kein Ort ist.

Vogelflug

Eines Tages,
dort in der Ewigkeit,
fliegt meine Seele
unbeschwert hinweg
wie ein Vogel.
Sie weiß, wo sie hin muss,
und sie ist schnell
und voller Energie.
Sie lässt den Leib,
diese alte Hülle,
und alles Irdische
hinter sich,
sie dreht das Köpfchen nicht zurück,
an dem Tag,
der kein Tag mehr ist,
an dem Ort,
der kein Ort ist.

Himmelsleiter

Eines Tages,

dort in der Ewigkeit,

stehe ich vor einer Leiter.

Sprossen, die nach oben gehen

soweit ich sehen kann.

Sie scheinen nach oben hin

immer fragiler zu werden.

Ich frage mich:

Muss ich dort hinauf?

Kann ich da hinauf?

Kann das gut gehen,

auch wenn mein Körper leicht ist wie die Luft?

Und ich spüre,

dass ich ängstlich werde.

Und dann

steigen Engel von oben herab,

einer,

zwei,

ein Dutzend,

ganz viele,

und einer sagt zu mir:

Hab keine Angst!

Schlaf ruhig ein!

Leg dich einfach hin!

Leg deinen Kopf auf diesen Stein!

Er wird dir nicht hart vorkommen.

Atme

und schlafe ein!

Wir werden dich tragen

dahin, wo du hingehörst.

Und so habe ich keine Angst mehr

vor dem Tag,

der kein Tag mehr ist,

vor dem Ort,

der kein Ort ist.

Über den Fluss

Eines Tages,

auf meinem Weg

dort in die Ewigkeit,

treffe ich den alten Fährmann.

Der rudert sein Boot mit den Wandernden

über den Fluss ohne Wiederkehr.

Harte Arbeit

ohne Murren.

Ihm kann ich mich anvertrauen.

Er kennt die Stromschnellen.

Er sorgt sicher dafür,

dass das Boot nicht kentert

mit seinem Ruder

und seinem starken Arm.

Ich schaue ihn an

Und sehe seine wettergegerbte Haut

und seine Kraft.

Willst du nicht auch weitergehen in die Ewigkeit?

frage ich ihn.

Er schaut mich an.

Ja,

ich würde schon gerne,

sagt er nach einer Weile,

aber ich muss hier noch Dienst tun

bis einer kommt, der mich ablöst.

Wie lange arbeitest du denn schon hier

für die wandernden Seelen?,

frage ich.

Sehr, sehr lange,

sagt er,

viele, viele Jahre.

Und so stehe ich da

und frage mich:

Will ich weitergehen,

oder will ich hier Dienst tun

für die Reisenden?

Will ich den Fährmann ablösen?

Vielleicht würde es ja auch

sehr, sehr lange dauern,

bis jemand kommt,

der mir hilft

und mich ablöst.

Oder will ich weitergehen

Auf meinem eigenen Weg?

Und die Stimme des Höchsten sagt mir:

Beide Wege sind in Ordnung.

Ob du hierbleibst und dienst,

oder ob du weitergehst,

es ist gut.

So habe ich die Freiheit zu wählen,

an dem Tag,

der kein Tag mehr ist,

an dem Ort,

der kein Ort ist.

Frische Luft

Eines Tages,

dort in der Ewigkeit,

spüre ich etwas in meiner Nase

und an meinen Ohren.

Es streicht mir etwas über die Wangen:

Ein Hauch von Wind,

frische Luft,

ein bisschen kühl,

aber gut,

belebend.

Da atmet sich leichter

und freier.

Es erfrischt das Gesicht.

Es reibt den Schlaf aus den Augen.

Ich spüre Luftbewegung

auch unter den Achselhöhlen,

spüre Erquickung

auch an den Zehen.

Da weicht der traurige Mief vergangener Tage.

Da entschwindet Depression

und Selbstmitleid.

Es fühlt sich an wie

ein Frühlingsmorgen,

klar und kostbar.

Da ist neue Energie.

Ich spüre Tatendrang.

Lebendig.

Aufgeweckt.

Zum ewigen Leben gehört

die frische Luft

eines neuen Tages,

der kein Tag mehr ist,

und eines Ortes,

der kein Ort ist.

Morgenröte

Eines Tages,

dort in der Ewigkeit,

geht die Sonne auf,

so wie im Tal der Könige,

wo in Ägypten die Pharaonen begraben sind.

Noch ist es dunkel,

ungemütlich,

beängstigend,

man stößt seine Füße an den Steinen.

Noch zittert man vor Kälte.

Noch kann man sich nichts anderes vorstellen,

als eine Welt des Leidens.

Und dann,

sehr schnell,

fast von einer Minute auf die andere,

kommt Licht hindurch.

Erst ein Schein,

dann schnell

ein beleuchteter Himmel,

dann rasch die Sonnenscheibe.

Und es wird warm

sehr angenehm warm.

Man atmet auf,

man öffnet seine Jacke,

man lässt Wärme an sich heranfluten,

voller Genuss.

Licht,

Wärme,

Liebe.

Überwältigend.

Ein Lustgefühl.

Seligkeit.

So könnte es sein

an dem Tag,

der kein Tag mehr ist,

an dem Ort,

der kein Ort ist.

Bei Christus sein

Eines Tages,

dort in der Ewigkeit,

bin ich zu Hause.

Dann irre ich nicht mehr auf dem Weg

durch unbekannte Straßen

voller Angst,

mein Ziel nicht zu erreichen,

oder zu kurz zu kommen.

Dann bin ich einfach da,

dankbar,

dass ich zu Hause bin.

Dankbar dem,

der mich geleitet hat,

durch die vielen Irrwege,

durch meine Wirrnis.

Vielleicht steht dann ein großes Schild

am Tor meiner Stadt,

und auf dem Schild steht

Jesustown,

oder Jesupolis,

oder noch ganz anders.

Dann habe ich den garstigen Graben hinter mir,

den schwierigen Übergang

zum Leben.

Jesus hat mich hierhin geführt,

jetzt kann er meine Hand loslassen,

an dem Tag,

der kein Tag mehr ist,

an dem Ort,

der kein Ort ist.

Ich bringe jemand mit

Eines Tages,

dort in der Ewigkeit,

spreche ich zu Christus

ein bisschen ängstlich noch und verschämt,

aber ich spreche

und sage ihm:

Hier,

ich habe jemanden mitgebracht,

da ist jemand an meiner Hand,

mein Liebster,

meine Liebste,

der Mensch meines Herzens,

von dem sich mir so sehr wünsche,

dass er hier ist.

Darf er,

darf sie hinein?

Oder geht jeder hier

seinen Weg nur ganz alleine?

Christus sieht mich an,

und er sieht meinen Begleiter an.

Lange.

Dann kommt er langsam zu mir.

Er lebt mir die Hand auf die Stirn.

Er legt meinem Herzensbegleiter

die Hand auf die Stirn.

Dann spricht er zu uns:

Natürlich ist Platz hier im Himmel

für deinen Liebsten,

an diesem Tag,

der kein Tag mehr ist,

und für immer.

Hochzeitsmahl

Eines Tages,

dort in der Ewigkeit,

gibt es eine große Feier.

Ein Freudenfest.

Flotte Musik

und fröhlicher Tanz,

wie bei einer Hochzeit.

Ekstase,

Entgrenzung,

wie bei der Liebe

eines jungen Paares.

Da wird gefeiert,

was das Zeug hält,

denn einer oder eine

hat die Hürden des Lebens geschafft

und ist nach Hause gekommen.

Steckt ihr einen Ring an den Finger!

Gebt ihr neue Kleider!

Stellt das beste Essen auf den Tisch

und den besten Wein!

Denn diese meine Tochter,

dieser mein Sohn,

war in der Fremde,

und ist wiedergekommen.

Wäre es nicht schön,

so empfangen zu werden

an dem Tag,

der kein Tag mehr ist,

an dem Ort,

der kein Ort ist.

Ja ohne Nein

Eines Tages,

dort in der Ewigkeit,

begegnet mir Gott.

Und er wird mir sagen:

Hör mal:

Was habt ihr da immer erzählt

von meiner Strafe,

als wäre meine Liebe nicht grenzenlos,

ohne Voraussetzung,

ohne Ende.

Was hat man Euch da erzählt,

von einem Gericht

vor dem ihr Angst haben sollt?

Und weiter wird Gott sagen:

Merkst du es nicht,

dass ich nichts als Liebe bin,

ein Ja ohne jedes Nein?

Und ich werde nicken.

Und meine Augen werden feucht.

Denn ich bin noch nie einer Liebe wie dieser begegnet

ohne jede Ambivalenz.

Dann werde ich keinerlei Angst mehr haben,

denn Gott hält mich fest

an dem Tag,

der gar kein Tag mehr ist,

an dem Ort,

der kein Ort ist.

Reflektion

Wir wissen, dass wir alle sterben müssen, aber wir wissen nicht, wie es sein wird, wie wir unser eigenes Sterben erleben werden, wenn wir es überhaupt bewusst erleben. Wir wissen das noch weniger als frühere Generationen, weil in unserer Gesellschaft das Sterben weitgehend aus dem Kreis der Familie in die Institutionen Krankenhaus, Altenheim oder Hospiz verlagert worden ist. Manche Zeitgenossen erleben das Sterben anderer Menschen gar nicht mehr, ihre erste Begegnung mit dem Tod ist ihr eigenes Sterben.

Für viele ist es ein Weg, der einfach ist wie der Schlaf. Für manche ist es ein schrecklicher Kampf, bis sie endlich den Weg in den Tod zu finden.

Ist der Übergang aus diesem Leben leicht oder schwer? Es gibt natürlich beides. Es gibt Menschen, bei denen der Tod wie im Schlaf kommt. Es gibt Menschen, die schrecklich zu leiden haben, trotz aller medizinischen Erleichterungen. So ist für manche der Tod nicht so sehr ein Verlust, sondern eher eine Erlösung. Das kann für die Sterbenden selbst so sein, aber auch für Angehörige.

Fast durchgängig ist jedenfalls in der Bilderwelt derjenigen, mit denen ich gesprochen habe, die Vorstellung vom Tod die einer Seelenreise, eines Weges.

Nicht Stillstand. Verständlich, denn was für ein Horror wäre es, sich den Tod als eine unendliche Lähmung, ein unbefristetes Eingefrorensein vorzustellen.

Es geht also um einen Weg.

Ein Weg, bei dem moralische Kategorien keine Rolle mehr spielen – ob ich dem Fährmann helfe oder nicht, egal.

Ein Weg, bei dem ich jemanden mitbringen darf. Bei dem jemand mich mitnimmt.

Man kann trotz der üblichen Vorstellung, dass Sterben einsam macht, jemanden an der Hand halten und mit hinüberbringen. Dort sind sogar die Zeitkategorien aufgehoben. Todesgedanken folgen der Logik der Träume, sie spielen in einem Jenseits unserer rationalen Zeit. Ich kann jemanden „mitnehmen", von jemandem „mitgenommen werden", auch wenn der Betreffende noch 30 Jahre länger lebt als ich oder schon 30 Jahre tot ist, so wie man im Guten oder Bösen seine Eltern lebenslang mitnimmt. Die Idee, dass man jemand mitbringen kann oder dass man jemand im Himmel wiederfindet, ist sehr verbreitet, kommt sehr oft vor. Ich sehe darin keine Egozentrik, sondern eher eine Verlängerung von Liebe, ein Bewusstsein dafür, dass wir bedürftige, auf Gemeinschaft angelegte Wesen sind. Es kommt ja auch in der Beschreibung von Nahtoderlebnissen immer wieder eine vertraute Begleitperson vor.

Sterben wird oft verstanden als ein Weg, der nach Hause führt, vor allem bei gläubigen Menschen. Eine Frau wunderte sich, dass ihr sterbender Mann nach Hause wollte, obwohl er doch zu Hause war. Er meinte vielleicht ein anderes, spirituelles Zuhause.

Sterben ist ein Weg, an dessen Ende ein Fest steht, ein Hochzeitsmahl, bildlich gesprochen.

Ein Weg, der nicht von der drückenden Angst vor einem Gerichtsverfahren geprägt ist, der Angst vor einem „zweiten Tod nach dem irdisch-körperlichen".

Ein Weg hinein in ein eindeutiges Ja Gottes. Das ist in manchen Religionen anders und ist auch im Christentum zeitweise anders verstanden worden, aber mir ist das Ja Gottes ohne jedes Nein wichtig.

Die Vorstellung der Totenreise ist religionsübergreifend vorhanden und in anderen Religionen, zum Beispiel im tibetanischen Buddhismus, noch viel stärker ausgeschmückt und konkretisiert. Da muss die Seele warten und hoffen, dass mit ihr, je nach dem angesammelten Karma, etwas Gutes geschieht.

Aber jetzt wird es Zeit für Sie als Leserin oder Leser, aus der Distanz dieser Reflektion bewusst auch auf sich selbst schauen.

Zeit innezuhalten:

Was löst das Bild des postmortalen Weges bei Ihnen aus?

Gefällt Ihnen die Vorstellung, dass da noch ein Weg ist, oder löst es eher Abwehr aus?

Liegt Ihnen näher ein Getragenwerden als ein Selbstgehen, oder keins von beidem?

Liegt Ihnen näher die Vorstellung eines leichten Weges oder eines mühevollen, gefährlichen, unangenehmen Weges?

Halten Sie es für richtig oder eher falsch, sich vorzustellen, dass es postmortal da noch eine Angst vor einem himmlischen Gericht geben müsste?

Oder hoffen Sie eher darauf, dass Ihre Peiniger endlich das verdiente Gericht bekommen? Wir werden zu dieser Frage noch zurückkehren.

Haben Sie die Phantasie von einer Wegführerin oder einem Begleiter?

Oder noch etwas ganz anderes?

Loslösung

Schweben

Eines Tages,
dort in der Ewigkeit,
ist alles leicht
alles,
auch ich selbst.
Ich schwebe,
wie im warmen Wasser,
geborgen,
voller Wohlgefühl,
ganz leicht.
Oder vielleicht schwebe ich auch
durch die Sommerluft
wie ein Engel.
Vielleicht kreise ich leicht im Licht,
um das Zentrum der Liebe,
ohne Anstrengung
oder Mühe,
vielleicht sogar mit einem

leichten Summen auf den Lippen.

Kein Knie tut mir mehr weh.

Kein Körper bindet mich unten fest.

Keine Hüfte knackt bei unvorsichtiger Bewegung.

Alles ist leicht

an dem Tag,

der kein Tag mehr ist,

an dem Ort,

der kein Ort ist.

Tod und Freiheit

Eines Tages,

dort in der Ewigkeit,

ist alles nicht mehr wichtig,

was mich jetzt in Beschlag nimmt.

All die Sorgen des Alltags,

all die egozentrischen Träume,

sogar die Sorgen um meine Liebsten.

Dort in der Ewigkeit sind sie nicht mehr.

Tot sein heißt frei zu sein,

nicht mehr gefangen im kranken Körper,

nicht in unerfüllter Begierde,

ohne jede Sorge um die eigene Bedeutung,

nichts mehr darstellen müssen,

weil man auf jeden Fall genug ist

in den Augen des Höchsten.

Was ich besessen habe,

wofür ich mich mühsam abgerackert habe,

ist bedeutungslos.

Es gibt keine reichen

oder armen Leichen.

Wenn ich sagen kann,

Gott sei Dank,

ich bin davon frei,

dann bin ich einen Schritt weiter

an dem Tag,

der kein Tag mehr ist,

an dem Ort,

der kein Ort ist.

Freuen dürfen sich alle

Eines Tages
dort in der Ewigkeit,
hört man ein großes Orchester,
feierlich und würdig,
und eine tiefe Stimme
ruft die Wahrheit aus:
Freuen dürfen sich alle,
die unter Not gelitten haben.
Tiefe Basstöne erschallen.
Freuen dürfen sich alle,
die zum Frieden beigetragen haben.
Zarte Streicherklänge.
Freuen dürfen sich alle,
die keine Gewalt ausgeübt haben.
Eine Hirtenmelodie auf einer Flöte.
Freuen dürfen sich alle,
die gütig sind mit sich und anderen.
Ein weicher Klarinettenklang.
Freuen dürfen sich die,
die im Vertrauen leben.

Der Musik ertönt

und trägt die Worte tief in die Seele.

Freuen dürfen sich die,

die von Gott alles erwarten

an dem Tag,

der kein Tag mehr ist,

an dem Ort,

der kein Ort ist.

Der Same stirbt

Eines Tages,
dort in der Ewigkeit,
sieht manches anders aus
als vorher.
Da waren viele Abschiede.
Da waren schmerzliche Verluste,
Trauriges,
Ungewolltes.
Aber
vielleicht war das Traurige,
Ungewollte,
nur der Same für das Neue,
das Jetzige.
Der Same stirbt,
damit die Ähre wachsen kann.
Vielleicht ist aus dem Verlust
etwas Gutes geworden.
Vielleicht war der Abschied
ein Einstieg in die Reifung.
Vielleicht war das Traurige

erfüllt von Sinn.

Kann ich es so sehen?

Oder ist alles ganz anders

an dem Tag,

der kein Tag mehr ist,

an dem Ort,

der kein Ort ist?

Verzeihen

Eines Tages,

dort in der Ewigkeit,

stehe ich vor einer großen Herausforderung.

Wenn ich mich lösen will,

wirklich frei werden will,

dann geht das nicht ohne Verzeihen.

Vielleicht hat mir jemand wehgetan,

mich gekränkt,

mich zutiefst verletzt,

gar gequält,

und ich habe eine Menge Zorn in mir,

berechtigten Zorn.

Ich fühle mich ohnmächtig in meinem Zorn,

denn der oder die mich verletzt hat,

sieht es einfach nicht ein.

Wie komme ich weiter?

Es geht nicht ohne Verzeihen.

So schwer es auch fällt.

Verzeihen heißt für mich nicht,

gut Freund werden mit dem Peiniger.

Verzeihen heißt nicht,

so tun, als ob nichts gewesen wäre.

Verzeihen heißt,

keine Energie mehr für die Idee aufzubringen,

da müsste noch Rache kommen

damit alles wieder gut ist.

Verzeihen heißt,

die Wunde in Ruhe zu lassen,

damit sie heilen kann.

Verzeihen heißt,

den Peiniger in Ruhe zu lassen,

damit er seinen Weg gehen kann.

Vielleicht ist das Verzeihen

meine schwerste Hürde

auf meinem Weg in Gottes Welt.

Kann ich verzeihen

an dem Tag,

der kein Tag mehr ist,

an dem Ort,

der kein Ort ist?

Gericht

Kann es wirklich sein,

dass heute,

hier in der Ewigkeit,

alle Menschen erlöst sind?

Auch die Bösen?

Ich will ehrlich sein,

etwas daran stört mich.

Kann es denn sein,

dass Menschen,

die mir schweres Leid angetan haben,

mich tief verletzt haben,

und noch ihren Spott ausgegossen haben

über meinen Schmerz,

hier in die Ewigkeit kommen -

einfach so,

ohne Reue und Strafe?

Kann es denn sein,

dass der tausendfache Mord einfach vergessen wird,

das Quälen von Menschen

aus Habgier und Machtwillen?

Kann es denn sein,

dass den Gegnern der Menschenrechte,

den grausamen Unterdrückern

nicht wenigstens eines auferlegt wird:

Die eigenen Missetaten zu büßen?

Ob es das gibt:

Strafe für böse Taten

hier in der Ewigkeit?

Ich weiß es nicht.

Gesehen habe ich es hier nicht.

Wenn ja, dann liegt es bei Gott,

nicht bei mir.

Aber,

ich erschrecke ein wenig,

wenn ich von Gott erhoffe,

dass er die Bösen bestraft,

hier in der Ewigkeit,

rufe ich damit nicht auch

ein Urteil über mich selbst hervor?

Wenn ich ausgleichende Gerechtigkeit will,

was ist dann mit meinen eigenen Sünden?

Keiner hat mich hier bisher darauf angesprochen.

Will ich jetzt wirklich die Frage

nach der Strafe für Übeltaten provozieren?

Oder tue ich besser daran zu schweigen,

auch wenn die Übeltaten manch anderer

viel schrecklicher sind

als meine?

Benötige ich hier noch

mein Bedürfnis nach Vergeltung?

Oder bin ich hier nur

ein Mensch, der auf Verzeihung angewiesen ist,

so wie alle anderen auch?

Ich habe noch zu lernen,

ich lerne noch

selbst an dem Tag,

der kein Tag mehr ist.

Tränen

Eines Tages,

dort in der Ewigkeit,

kommen mir die Tränen,

selbstverständlich

ganz ohne Scham.

Und mit den Tränen,

lösen sich die Dinge.

Und alles wird wieder

zurechtgerückt.

Und dann wischt der,

der in der Ewigkeit wohnt,

die Tränen ab von meinen Augen.

Freude und Wonne ist da,

und Schmerz und Traurigkeit muss weg,

an dem Tag,

der kein Tag mehr ist,

an dem Ort,

der kein Ort ist.

Ich

Eines Tages,

dort in der Ewigkeit,

wer bin ich?

Ich bin nicht mehr der Körper,

der ich einmal war,

aber bin ich noch Körper?

Bin ich noch jemand,

der sagen kann,

was er will,

und was nicht?

Zum Beispiel:

Nicht immer Harfe,

auch mal Schlagzeug bitte?

Bin ich noch die Erinnerungen,

die ich mitbringe?

Wenn meine Ich-Geschichte

neu erzählt wird,

werden darin meine Erinnerungen

aufgehoben?

Oder wird etwas Neues geschrieben

ganz ohne Rücksicht

auf das, was war?

Bin ich noch jemand,

der etwas bereuen kann

und etwas begrüßen,

für etwas danken

und etwas beklagen?

Oder hat all das

seinen Inhalt verloren?

Ist vielleicht alles ganz anders

an dem Tag,

der kein Tag mehr ist,

an dem Ort,

der kein Ort ist?

Sternenstaub

Eines Tages,

dort in der Ewigkeit,

ist mir klar geworden,

was ich zu Lebzeiten gehört habe.

Das Leben ist entstanden

aus Sternenstaub.

Wir Menschen kommen

letztlich

aus winzigen Partikeln anderer Sterne.

Darum ist mir mein Körper jetzt nicht mehr wichtig,

der Sternenstaub befreit mich von der Erdenschwere.

Eigentlich doch ein Wunder:

So winzige Spuren intergalaktischen Staubes,

und so Großes hat der liebe Gott daraus gemacht.

Jetzt bin ich wieder Staub

und gehe wieder zu den Sternen.

Denn die Sterne mit ihren Bahnen,

ihrem Licht und ihren Farben,

ihrer unermesslichen Energie

und Vielfalt,

die Sterne

erzählen die Ehre dessen,

der den ganzen Kosmos geschaffen hat,

das größte aller Wunder.

Ja,

Sternenstaub bin ich wieder geworden

an dem Tag

der kein Tag mehr ist,

an dem Ort,

der kein Ort ist.

Reflektion

Stellen Sie sich vor, Sie gehen spazieren und finden am Wegrand lauter Dinge, die andere weggeworfen haben.

Da liegen die Arbeitsklamotten eines Maurers, der jahrzehntelang viele Steine heben musste. Die Zange eines Klempners, der manchmal richtig Muskeln brauchte.

Der Stationswagen einer Krankenschwester, die sich manchmal kaum noch auf den Beinen halten konnte.

Der Monitor eines Büroarbeiters, der ihm so viel Konzentration abverlangte.

Dinge, die weggeworfen worden sind, weil sie den Betreffenden zu schwer geworden sind.

Aber da liegen auch die Krücken eines Gehbehinderten.

Der Rollstuhl eines Gelähmten.

Der Grill eines Hobbykochs.

Ist das eine schöne, erstrebenswerte Vorstellung für Sie?

Was würden Sie wegwerfen?

Woran würden Sie sich klammern, um es zu behalten?

Stellen Sie sich vor, ein Schiff sticht in See und hat alles an Bord, was Sie entbehren können, was Sie letztendlich mehr belastet als erfreut? Was wäre da an Bord?

Träumen Sie einmal davon!

Jemand hat mir sogar einmal erzählt, er hätte davon geträumt, dass eine Wunde bei ihm aufgeschnitten wird und eine Riesenmenge Eiter von einer Entzündung abfließt.

Vielleicht gehört zu dem, von dem der Tod uns lösen kann, auch manches an Ärger, an berechtigter Wut über einen anderen Menschen oder über die Umstände. Dass das Verzeihen zum Loslassen gehört, ist mir aufgrund der Erfahrungen der Seelsorge wichtig zu sagen. Wenn ich nicht verzeihen kann, dann halte ich mich an dem Unrecht fest.

Vielleicht gehören zum Festgehaltenen auch liebgewonnene Depressionsgedanken oder Minderwertigkeitsgefühle hinsichtlich der eigenen Person?

Vielleicht gehört dazu der innere Druck, immer der Beste zu sein?

Zum Loslassen gehört auch, die Kontrolle aufzugeben. Wir sind gewöhnt, alles kontrollieren zu können, alles, was uns umgibt, fest in der Hand zu halten. Aber wir können entscheidende Dinge des Lebens kaum kontrollieren, nicht die Gesundheit, nicht die Liebe, nicht den Tod.

Nicht selten hat Loslösung zur Folge, dass jemand weinen kann, dass mit den Tränen auch die Belastungen wegfließen.

Was ist das Ihre, was Ihnen zum Thema Loslassen einfällt?

Ist Loslösung etwas für Sie, was relevant ist?

Oder sind Sie eher in der Phase des Sammelns?

Loslassen führt zur Freiheit und ist daher die Voraussetzung, dass Freude in Sie hineinfließen kann. Am Ende steht Freude, auch wenn zunächst ein Anflug von Unsicherheit zu überwinden ist.

Das Sammeln hat seine Freude, aber auch das Weggeben und Loslassen.

Wie sehen Sie das?

Und noch eins: Loslassen kann man meiner Meinung nach nur, wenn man etwas wie ein Grundvertrauen hat, ein Vertrauen darauf, dass es auch ohne das Losgelassene gut wird.

Heilung

Schlaf

Eines Tages,
dort in der Ewigkeit,
ist es wie im Schlaf.
Müde Wandernde
sind wir.
Doch hier können wir den Kopf auf das Kissen legen
und loslassen,
atmen und loslassen.
Ruhen.
Und
ohne dass wir es machen müssen,
ohne jede Anstrengung
geschieht Heilung,
gesundet die angeschlagene Psyche,
wächst neues Leben.
Ohne Anstrengung
in einem erholsamen Schlaf,

so wie Gott dem erschöpften Elias,

der ganz am Ende war,

den Schlaf schenkte,

Brot

und etwas zu trinken.

Ein stärkendes Brot,

einen erfrischenden Becher Wasser.

Und vor allem Schlaf.

Da gibt es kein Wachliegen,

kein Grübeln,

keine Angst,

vor Pflichten und Anforderungen.

Es wird alles gut.

Schlaftherapie

in der Nacht,

die keine Nacht mehr ist,

an dem Ort,

der kein Ort ist.

Stimme von oben

Eines Tages
dort in der Ewigkeit,
sehe ich eine Taube vor mir,
die in die Lüfte flattert.
Und ich höre eine Stimme
von weit, weit vorne.
Die Stimme ruft mich an,
mich
persönlich.
Ihre Worte sind:
Weißt du das schon?
Du bist mein geliebtes Kind,
du bist meine geliebte Tochter,
du bist mein geliebter Sohn,
eine meiner geliebten Töchter,
einer meiner geliebten Söhne.
An dir
an euch habe ich Freude.
Da werden meine Augen feucht

an dem Tag,

der kein Tag mehr ist,

an dem Ort,

der kein Ort ist.

Mein eigenes Leben

Kann ich

hier in der Ewigkeit,

ehrlich von mir sagen:

Ich habe mein Leben gelebt?

Mein ganz persönliches Leben?

Bin ich ich geworden?

Oder muss ich mir sagen:

Ich habe nur eine Rolle gespielt,

nur getan, was alle tun,

mich immer angepasst,

bin nur mit der großen Herde mitgerannt,

habe immer in der Schlange gestanden

in der fast alle standen?

Ich will niemand anderes sein,

nur ich selbst,

so wie die Macht des Lebens,

so wie Gott mich gewollt hat,

für den Tag,

der kein Tag mehr ist,

für den Ort,

der kein Ort ist?

Der Lebensfilm

Eines Tages,

dort in der Ewigkeit,

sehe ich mein Leben

noch einmal an mir vorüberziehen

wie in einem Film,

aber nicht einfach so,

wie ich es oberflächlich immer gesehen habe.

Auch nicht einfach im Zeitraffer.

Sondern in seiner Wahrheit

und Tiefe.

Was ich nicht verstanden habe an mir selbst,

verstehe ich jetzt,

was sprunghaft schien und brüchig

in meinem Leben,

ist klar erkennbar geworden.

Die Notwendigkeit des Überflüssigen

leuchtet auf einmal ein,

und der Überfluss des Guten

ist unübersehbar.

Manche Schicksalsschläge erscheinen auf einmal notwendig.

Manche meiner Entscheidungen,

verständlich.

Dann erkenne ich,

wie alles mich hat reifen lassen.

Ich bin nicht mehr der Gebrochene,

nicht mehr ein haltloses Blatt im Wind,

sondern stehe da

in der Würde

eines Kindes Gottes.

Das erlebe ich

an dem Tag,

der kein Tag mehr ist,

an dem Ort,

der kein Ort ist.

Buch des Lebens

Eines Tages,

dort in der Ewigkeit,

wird mein Name verlesen

mit goldenen Buchstaben

in einer feierlichen Zeremonie.

Mein Name steht geschrieben in einem Buch,

einem schweren,

wertvollen Buch,

dem Buch des Lebens,

denn ich bin bei dem Lebendigen,

dem Lebensschöpfer.

Und dann wird mein geschriebener Name

noch einmal gelesen

unter dem zärtlichen Klang eines Saxophons,

und dann noch einmal gesungen

von einem ganzen Chor.

Mein Name

an dem Tag,

der kein Tag mehr ist,

an dem Ort,

der kein Ort ist.

Wozu bin ich da?

Eines Tages,

dort in der Ewigkeit,

verstummen meine Zweifel.

So oft stellte ich mir die Frage:

Wozu bin ich da?

Was ist der Sinn meines Lebens?

Hat mein Leben überhaupt einen Sinn?

Oder bin ich nur eine Last für die Meinen?

So oft hatte ich keine Antwort.

Das ist menschlich.

Aber jetzt in der Ewigkeit

verstummen diese Fragen.

Ich weiß,

wozu ich da war und bin,

an dem Tag,

der kein Tag mehr ist,

an dem Ort,

der kein Ort ist.

Schere

Eines Tages,
dort in der Ewigkeit,
treffe ich eine junge Frau
mit schönem Haar und geschminktem Gesicht.
Sie hat eine Schere in der Hand.
Warum trägst du eine Schere mit Dir herum,
frage ich sie.
Ich bin Friseurin,
sagt sie.
Aber jetzt brauchst du doch nicht mehr zu arbeiten,
wende ich ein.
Wer weiß?
Antwortet sie.
Nach einer Weile spricht sie weiter:
Nicht mehr frisieren?
Das wäre schade.
Es war immer mein Stolz,
Menschen ein bisschen schöner zu machen,
damit sie sich wohlfühlen
mit ihrem Aussehen.

Die Haare sind sehr wichtig,

wenn man würdig daherkommen will.

Vielleicht darf ich dasselbe auch hier tun.

Das wäre schön für mich

und für andere,

an dem Tag

der kein Tag mehr ist,

an dem Ort,

der kein Ort ist.

Für mich ist einer der schönsten Titel, die Jesus von Nazareth verliehen worden sind, „Retter" oder „Heiland". Jesus von Nazareth hat Menschen geheilt, das steht auch historisch außer Frage. Die Wunder, die er getan hat, sind fast ausschließlich Heilungswunder.

Mit Recht ist eine spätere Schrift, die Jesus ein Bestrafungswunder zuschreibt, nicht in den Kanon des Neuen Testamentes aufgenommen worden. Da wird in einem Kindheitsevangelium Jesu beschrieben, wie Jesus als Jugendlicher einem Jungen die Hand verdorren lässt, weil er etwas gestohlen hat. Das passt keineswegs zu der heilenden Kraft, die von diesem Jesus von Nazareth ausging. Schon sehr früh haben die Menschen diese Geschichte und diese Schrift als unwahr und irreführend verworfen.

Aus diesem Grunde ist für mich auch der Weg in die Ewigkeit vor allem ein Weg in die Heilung, und das spiegelt sich auch in den Hoffnungsbildern der meisten Menschen wider, mit denen ich gesprochen habe.

Das Zerrissene wird wieder ganz werden, der seelische Schmerz vergehen, der Mensch wird sich seiner Würde bewusst werden, in dem sie ihm neu zugesprochen wird: „Du bist ein geliebtes Kind von mir".

Es gibt sogar ein Stück weit die Idee einer postmortalen Psychotherapie. Der Lebensfilm zieht noch einmal an einem Menschen vorüber, und er versteht, was er vorher nicht verstanden hat, den tieferen Sinn der Ereignisse.

Und zur Heilung gehört auch die Klärung der Sinnfrage. Um gesund zu sein, braucht der Mensch etwas, worauf er aus sein kann, einen Sinn. Und wenn jemand die Schere und den Kamm mitnimmt, um die Menschen im Himmel zu verschönern, dann stiftet er auch im Jenseits noch Sinn, auch wenn er es auf eine humorige Art sagt, mit einem Augenzwinkern und in der Konkretion nicht ganz ernst zu nehmen. Heilung ist das Ziel jeder guten, toleranten Religion. In der neueren Forschung ist ja auch gefunden worden, dass eine tolerante religiöse Grundhaltung sehr zur Heilung verschiedener Krankheiten beiträgt.

Es gibt eine überwältigende Fülle von tröstlichem, heilsamem Gedankengut über die Ewigkeit, die ich gefunden habe. Geschichten haben Macht. Man kann natürlich Geschichten über die Ewigkeit auch missbrauchen, um Leuten Angst zu machen und sie auf diese Weise zu manipulieren. Die Geschichte der Kirche und die Geschichte anderer Religionen ist kontaminiert von solchen Versuchen der „Erziehung" durch Angst. Aber es gibt eben auch, schon in biblischer Zeit, diese Fülle der Geschichten jenseitiger Heilung.

Was ein Mensch unter Heilung konkret versteht, hat natürlich vor allem mit seiner Biographie zu tun. Da gibt es frühkindliche Bedürfnisse der Verschmelzung mit einer Elternfigur oder mit Gott. Da gibt es das Bestreben, deutlich und klar ein individuelles Ich zu werden und vieles andere.

Der den Bahai zugehörige Arzt und Therapeut Nossrat Peseschkian, Gründer der positiven Psychotherapie, beschreibt, dass Psychotherapie Religion braucht, genau wie die Religionen die Psychotherapie benötigen. Sie bleiben getrennt, aber sie ergänzen einander im Interesse der Gesundheit. Wenn das wahr ist, dann muss sich das doch auch in den Bildern der Ewigkeit widerspiegeln. Und so habe ich es auch im Gespräch mit vielen Menschen gefunden.

Spiel der Engel

Die Posaune

Eines Tages,
dort in der Ewigkeit,
hören wir
himmlische Chöre.
Dann lauschen wir
unbeschreiblichen Klängen,
dann öffnet sich uns
die Musik der Ewigkeit.
Dann kommen uns die Tränen,
weil heilige Harmonien
unsere inneren Krämpfe auflösen.
Und es klingt wie
sanfter Jazz,
und wie eine großartige Symphonie,
und wie ein tief empfundener Klagegesang,
und noch ganz anderes.
Es klingt wie
die Harmonie des Kosmos,

wie die Schwingungen

von Planeten und Sonnensystemen.

Erhaben.

Im Himmel gibt es nicht nur Harfen und Zimbeln,

und nicht nur Posaunen,

auch Mundharmonika und Akkordeon

Geige und Piano,

und noch viel mehr,

viel, viel mehr

an dem Tag,

der kein Tag mehr ist,

an dem Ort,

der kein Ort ist.

Kindlich werden

Eines Tages
dort in der Ewigkeit,
da tanzen wir wie die Kinder
und spielen
und machen Unsinn,
Wir bewegen uns leicht
und können gar nicht stillsitzen.
Wir spielen Nachlaufen
und Verstecken,
Kästchenhüpfen
und Gummitwist.
Wir verkleiden uns
und spielen Pirat
oder Prinzessin.
Wir lachen und weinen,
klettern und schmusen,
und zwischendurch rufen wir Abba,
„Pappa",
und meinen den,
in dessen Welt wir dann sind,

an dem Tag,

der kein Tag mehr ist,

an dem Ort,

der kein Ort mehr ist.

Viele Wohnungen

Eines Tages,

dort in der Ewigkeit,

habe ich eine Wohnung

im Hause des himmlischen Vaters.

Eine Wohnung,

anders als alle Wohnungen.

Die Paradoxie einer Wohnung.

Im Hause des Vaters gibt es viele davon,

wie Jesus vorausgesagt hat.

Da wohnen auch die Propheten,

die alten Väter und Mütter des Glaubens,

eine Schar, mit der ich gerne zusammen bin,

von denen ich mir eine Antwort erhoffe,

und neue Perspektiven.

Ich stelle mir viele Gespräche vor,

anders als alle Gespräche,

die ich kenne.

Mir wird erklärt, was ich nicht verstehe,

bei Brot und Wein

im Freudensaal,

in der auch noch der letzte Obdachlose

seine Ehrenwohnung hat.

Im Haus des Glücks,

darum feiern wir

an dem Tag

der kein Tag mehr ist,

an dem Ort

anders als alle Orte.

Der Baum des Lebens

Eines Tages,

dort in der Ewigkeit,

ist es wie in einem Garten.

Da steht der Baum des Lebens.

Voller Früchte,

wunderschön sehen sie aus,

frisch fühlen sie sich an

und köstlich schmecken sie.

Der Baum des Lebens.

Schatten spendet er denen, die darunter liegen,

seine Blätter rauschen leise im Wind.

Sie flüstern ein Lied

von ewigem Frühling,

von ewig währender Liebe.

Der Baum des Lebens.

Ehrwürdig wirkt er und schön

bis in die Träume hinein.

Er ist ein Fest

nicht nur für meine Augen,

für alles an mir,

an dem Tag,

der kein Tag mehr ist,

an dem Ort,

der kein Ort ist.

Spaziergang

Eines Tages,

dort in der Ewigkeit,

gehen wir spazieren

im Garten des Paradieses,

leichten Schrittes

in der angenehmen Wärme des Parks.

Dann freuen wir uns an allem,

was es zu genießen gibt:

Das Rascheln der Blätter

die Vogelstimmen,

das Gefühl auf der Haut,

die Überfülle der Farben

und noch viel mehr.

Die Tiere haben Namen,

und sind mit den Menschen

verbunden

in gegenseitigem Respekt.

Wir können uns freuen daran,

dass wir da sind,

Teil einer großen

harmonischen Schöpfung,

nicht mehr und nicht weniger

an dem Tag,

der kein Tag mehr ist,

an dem Ort,

der kein Ort mehr ist.

Meine Liebsten

Eines Tages,

dort in der Ewigkeit,

gehen wir

durch den Garten spazieren,

Hand in Hand,

der,

den ich am meisten geliebt habe,

und ich.

Meine Tochter, mein Sohn

warten schon an der Parkbank auf mich.

Meine Mutter, mein Vater

winken mir zu,

sie sind nahe dabei.

Ihre Arme sind offen für mich.

Kind,

sagen sie,

gut, dass du da bist,

wir haben schon auf dich gewartet.

Dann kann ich ihnen sagen,

was ich noch sagen wollte

und nicht mehr geschafft hatte.

Dann sagen sie mir das,

was ich gerne noch von ihnen gehört hätte,

und sie hatten es nicht mehr

über ihre Lippen gebracht.

So sind wir vereint

an dem Tag,

der kein Tag mehr ist,

an dem Ort,

der Ort ist.

Wie die Träumenden

Eines Tages,
dort in der Ewigkeit,
sind wir wie Träumende
in einem glücklichen
luziden Traum.
Wir können fliegen wie im Traum,
durch Wände schweben,
Farben sehen wie im Traum,
und unsere Liebsten begrüßen.
Dann lachen wir vor Glück,
voller Heiterkeit,
und Leichtigkeit,
und keine Tür sperrt uns ein,
nichts bringt uns in Gefahr.
Und Schmerz und Tod
sind nicht mehr.
Frei sind wir

an dem Tag,

der kein Tag mehr ist,

an dem Ort,

der kein Ort ist.

Spiel der Engel

Eines Tages,

dort in der Ewigkeit,

spielen die Engel in kindlicher Freude,

sie lachen,

sie sind unbeschwert,

sie bewegen sich locker.

So alt sie auch sind,

sie sind ganz jung.

Sie erfinden immer neue Spiele

Und nie wird ihnen langweilig.

Vielleicht

beziehen sie mich ein

an dem Tag,

der kein Tag mehr ist,

an dem Ort,

der kein Ort ist.

Leichtigkeit ist meiner Ansicht nach ein Element der Religion. Eine gute Religion kann man meiner Ansicht nach daran erkennen, dass sie nicht alles bierernst und schwer macht, sondern einen starken Anteil von Leichtigkeit hat.

Das Spielerische muss unbedingt Raum haben in der Ewigkeit, sonst wird die Ewigkeit öde.

Ich habe einmal einen Taucher kennen gelernt, für den Tauchen Leichtigkeit bedeutete. „Ein Gefühl wie im Himmel", so drückte er sich aus. Er benutzte religiöse Sprache, weil er es so empfand. Ich selbst kann das nicht nachvollziehen, ich bin kein Taucher, aber ich kann es ihm glauben. Das Leben ist oft schwer genug, darum tut es uns gut, eine religiöse Welt zu finden, in der die Seele leicht wird, in der die Engel Kästchenhüpfen spielen, in der fröhliche Musik zu hören ist, in der wir kindlich werden und träumen und schwärmen dürfen und spielen.

Dazu gehört auch das Verbundensein mit der Natur, die nicht mehr zum Objekt unserer menschlichen Arbeit gemacht wird, zum Objekt menschlicher Eingriffe, sondern die in ihrer eigenen Würde einfach da ist.

Solange man in diesem Leben ist, muss man oft die Dinge schwernehmen, kämpfen, sich anstrengen, arbeiten. Solange du lebst, isst du dein Brot mit Anstrengung. Unruhe ist eine Bedingung des Menschseins, oder wie der Volksmund so treffend sagt: „Unter jedem Dach ein Ach". Ist da nicht die Vorstellung eines Himmels der Leichtigkeit naheliegend? Es ist doch kein Zufall, dass die Engel in den allermeisten religiösen Bildern schwebend dargestellt werden.

Was bedeutet für Sie Leichtigkeit?

Wenn Himmel etwas mit Leichtigkeit zu tun hat, was ist dann Ihr Bild davon?

Rückblick auf das Leid

Gespräch über Gerechtigkeit

Eines Tages,

dort in dem Garten

der Ewigkeit,

gehe ich spazieren

und nahe bei mir geht Jesus.

Da ergreife ich die Gelegenheit

und stelle ihm meine Fragen,

auf die ich noch nie eine Antwort gefunden hatte.

Mein Heiland,

frage ich,

mein Retter,

mein Freund und Bruder,

oder wie darf ich dich nennen?

Er lächelt und sagt.

Nenn mich, wie du möchtest.

Warum gibt es so viel Leid auf der Welt?

Das frage ich.

Warum werden so viele Menschen

um ihre Lebenschancen betrogen?

Warum haben es die einen so gut und die anderen schlecht.

Warum werden die einen früh krank und die anderen nicht?

Das ist doch ungerecht.

Warum das alles?

Und der Heiland hört mir schweigend zu.

Er guckt wohl,

wie ernst meine Frage ist,

ob sie nur oberflächliche Rechthaberei ist

oder aus der Tiefe des Herzens kommt.

Warum das alles,

frage ich noch einmal,

warum?

Da wischt er mit dem Arm über den Horizont,

und es öffnet sich ein anderer Blick.

Und ich sehe die,

denen Leid geschah,

die Ungerechtigkeit erfuhren,

und ich sehe sie

ganz anders,

und ich sehe auch die Täter

ganz anders

an dem Tag,

der kein Tag mehr ist,

an dem Ort,

der kein Ort ist.

Dem Leid widerstehen

Eines Tages,

dort in der Ewigkeit,

frage ich neu nach dem Leiden.

Was habe ich getan,

frage ich mich,

um Not zu vermindern?

Was habe ich getan,

um Schmerzen zu lindern

und dem Bösen zu widerstehen?

Und wo bin ich

bewusst oder unbewusst

ein Helfershelfer geworden

von unnötigen Qualen?

Gott sei Dank ist es vorbei,

sage ich mir,

Gott sei Dank ist es vorbei.

Aber da fallen mir auch

ein, zwei Gelegenheiten ein,

bei denen ich stark geworden bin

im Kampf gegen

unnötiges Leid.

Mein Versagen

und meine Stärke

ist aufgehoben bei Gott,

an dem Tag,

der kein Tag mehr ist,

an dem Ort

der kein Ort ist.

Leiden als Korrektur

Eines Tages,

dort in der Ewigkeit,

sehe ich mein eigenes Leid anders als vorher.

Vielleicht so:

Es tat weh,

aber ich habe es gebraucht,

es tat weh,

aber es hat mir geholfen.

Ich war zu sehr in meinem eigenen Ich gefangen.

Ich war zu nahe am Größenwahn.

Mühsam auf den Baum geklettert

dachte ich schon,

ich könnte fliegen.

Der Absturz war nur folgerichtig

und wichtig.

Ich wurde wieder

auf mein Maß zurückgeschraubt:

Ein Menschenkind

und nicht mehr.

Gott sei Dank, dass es vorbei ist,

sage ich mir dann,

und begrüße den Tag,

der kein Tag mehr ist,

den Ort,

der kein Ort ist.

Leid und Gottvertrauen

Wenn Kinder wachsen,

haben sie manchmal Schmerzen,

zum Beispiel in den Knien:

Wachstumsschmerzen.

Im Moment, wenn es wehtut,

können Kinder das nicht verstehen, klar,

aber vielleicht verstehen sie es später.

Das wachsende Gelenk

musste sich erst strecken.

Ich frage mich:

Eines Tages,

dort in der Ewigkeit,

kann ich mich dann damit trösten:

Mein wachsendes Gottvertrauen

verursachte einen Schmerz.

Einen Übergangsschmerz?

Vielleicht sage ich mir dann,

mein Glaube

musste tiefer werden

und wahrer.

Ich musste lernen,

mich ganz zu ergeben,

ganz dem Lebendigen,

dem Heiland.

Ich musste mir verloren gehen,

mit all meinen Illusionen,

und das tat weh.

Aber dadurch konnte Heilung

in mir wachsen.

Es war eine Krankheit zum Guten.

Meine Lebenskreise minderten sich,

aber ein anderer Geist wuchs in mir.

Ich wurde leer,

schmerzlich leer,

und das Göttlich-Heilsame wuchs in mir

bis zu dem Tag,

der kein Tag mehr ist,

und dem Ort,

der kein Ort ist.

Warum das Kreuz?

Eines Tages,

dort in dem Garten der Ewigkeit,

sitzen wir auf der Wiese,

eine kleine Gruppe Erlöster,

und er,

der große Therapeut,

der Heiland.

Ich spreche ihn an.

Jesus,

erlaube mir eine Frage:

Warum wollte Gott, dein himmlischer Vater,

deine Kreuzigung?

Warum hat er das zugelassen?

Ja, warum,

fragen nun auch die anderen.

Ich schaue auf seine Hände,

die noch die verheilten Wunden trugen,

an die Narben der Dornenkrone

auf seiner Stirn.

Langsam antwortet er:

Das rührt an ein großes Geheimnis,

und wir werden noch oft hier sitzen

und über diese Frage nachdenken.

Aber einen Zipfel davon kann ich euch heute erklären.

Mein himmlischer Vater wollte

das Kreuz nicht,

er wollte keinen leidenden Sohn,

er wollte nur heilen und versöhnen,

nichts anderes.

Er brauchte keine Art von Opfer,

kein Leid und kein Kreuz.

Da fragt einer aus der Runde:

Aber warum dann dein Sterben

am Balken der Schande?

Jesus antwortet:

Menschen haben das gemacht.

Genauer gesagt,

einige mächtige Menschen,

die meine Botschaft nicht ertragen konnten,

gefangen in ihrer Angst und ihrem Egoismus.

Und wieder fragt jemand aus der Runde:

Und warum hat Gott diese Menschen nicht ausgeschaltet,

oder wenigstens ihr Tun gestoppt?

Jesus:

Soll ich es einmal ganz einfach sagen?

Es ging nicht anders.

Wie gesagt: Mein Vater wollte das Kreuz nicht.

Er wollte nur heilen.

Aber nach all den Anfeindungen

entschied er sich wohl doch dafür,

denn das Ertragen dieser ungerechten Gewalt

war der beste Weg

mit den feindseligen Menschen umzugehen,

liebevoll zu bleiben

und die Würde aller,

auch dieser Fehlgeleiteten,

zu achten.

Nur so konnten wir,

mein Vater und ich,

die Menschheit auf den Weg zur Gewaltlosigkeit bringen.

Der Balken der Schande

wurde so zum Balken der Ehre.

Aber das ist nur ein Teil

des großen Geheimnisses,

es gibt noch viel mehr zu verstehen,

erklärt er uns

an dem Tag,

der kein Tag mehr ist,

an dem Ort,

der kein Ort ist.

Warum lässt Gott das Leid zu? Was hat das Leid für einen Sinn?

Diese sogenannte Theodizeefrage ist eine der schwierigsten in der Theologie, für die es kaum eine glatte und vollkommen befriedigende Antwort gibt. Schon der Begriff Theodizee ist eigentlich schräg, denn er bedeutet, dass Gott sich in seiner Allmacht dafür rechtfertigen müsste, dass er das Leid zulässt. Er muss sich nicht rechtfertigen, aber vielleicht haben wir das Recht, anklagend mit ihm zu reden und zu beten, wie es dutzende Psalmbeter im Alten Testament gemacht haben.

Viele Menschen haben die Vorstellung, dass sie in einer jenseitigen Welt Antwort auf die Frage menschlichen Leidens bekommen. Viele haben die Vorstellung, mit Fragen zu Gott zu kommen, für die sie endlich Antworten haben wollen.

Gängige Antworten aus der Theologie sind unzureichend und manche sogar in Gefahr, ins Zynische abzukippen, wenn etwa gesagt wird, dass Gott das Leiden schickt, um uns zu prüfen, ob wir gut genug sind für den Himmel.

Manche sagen, dass Gott das Leiden schickt, um den Menschen eine Chance zu geben, sich zu bewähren. Aber selbst wenn ein Glaubender sein Leid als Bewährung versteht, ist es doch sehr steil, es für alle Menschen so zu verstehen.

Manche sagen, die Menschen sind selbst schuld an ihrem Leid, und wenn ein unschuldiges Kind leidet, dann gibt es vielleicht eine versteckte Schuld der Eltern, Großeltern und so weiter. Oder es ist sogar die Schuld aus einem früheren Leben, die das Kind abtragen muss. Dann trägt es, um den Begriff einer anderen Religion zu verwenden, ein schlechtes Karma mit sich herum.

Oder man sagt einfach, dass die göttliche Wiedergutmachung noch aussteht, die Kompensation. Aber ist Gott so etwas wie ein Funktionär ausgleichender Gerechtigkeit?

Sicher ist, es bleibt Aufgabe der Religionen, Leiden, wo immer es geht, zu vermindern. Menschen müssen sich gegenseitig nicht so viel Böses antun, wie es leider oft der Fall ist.

Haben Sie eine Antwort im Dschungel dieser Fragen, eine eigene Linie?

Meine eigene kommt zumindest andeutungsweise in den Texten oben zum Ausdruck.

Aber dennoch: Es bleibt eine große ungelöste Frage.

Friedensreich

Heiligung

Eines Tages

dort in der Ewigkeit,

hat die göttliche Energie alles durchdrungen,

alles geheilt.

Alle Dinge sind im Flow

und in Harmonie miteinander.

Niemand wird gekränkt,

geschweige denn verletzt,

gedemütigt,

getötet.

Und alles,

was Menschen tun,

dient der Liebe.

Die wertschätzenden Worte,

das Geben und Nehmen

ohne Berechnung,

die aufmerksamen Blicke,

das Angebot des Du,

„Dich meine ich",

die Arbeit

und die Gestaltungskraft der Künstler,

die Schönheit der Kleidung

und die Achtsamkeit aller Pflegenden,

sogar die Diskussion

und die Kritik.

Alles aus Liebe

an diesen Tag,

der kein Tag mehr ist,

diesen Ort,

der kein Ort ist.

Defilee

Eines Tages,

dort in der Ewigkeit,

findet ein großer Umzug statt.

Da schreiten die Menschen die Straßen entlang

in Festgewändern,

weiß und purpurrot und königsblau,

an Kopf und Fuß geschmückt.

Sie machen Musik

mit Trommeln und Trompeten.

Ja die meisten singen

und lachen,

diese Menschen,

die Erlösten.

Die stehen noch als Zuschauer am Rand,

am Ende schließen sie sich an.

Der Zug wird ungeheuer lang,

geradezu endlos,

festlich,

und immer wieder neu.

In der Mitte auf einem Wagen

fährt die Hauptperson,

der Heilende,

der Heiland.

Ein großes Volksfest,

keiner fehlt,

an dem Tag

der kein Tag mehr ist,

an dem Ort,

der kein Ort ist.

Das himmlische Jerusalem

Eines Tages,

dort in der Ewigkeit,

verweile ich in einer Stadt von wunderbarer Architektur,

von unbeschreiblicher Schönheit.

Eine Stadt wie Perlen und Edelsteine:

Jaspis und Saphir,

Preziosen mit unaussprechlichen Namen,

Sardonyx und Chrysolith,

Beryll und Topas

und viel, viel mehr.

Die Straßen sind golden

und durchscheinend wie Glas.

Niemand macht sich die Schuhe dreckig.

Leute spazieren dort,

angetan mit feierlichen Gewändern,

an denen nichts mehr haftet

von Mühe und Dreck dieser Welt.

Die Menschen erfrischen sich dort

an Brunnen und Flüssen.

Sauberes belebendes Wasser.

Am Ufer wachsen herrliche Bäume

und reichen uns ihre Früchte.

Alles ist erfüllt von Licht und Klarheit.

Eine Stadt der Weite,

von schier unendlicher Größe,

unabsehbar in jede Richtung.

Tore, die niemals geschlossen werden müssen,

weil keine Bedrohung mehr da ist.

Es versteht sich von selbst:

Die Stadt hat keine Wächter,

keine Polizisten.

Die sind einfach nicht nötig.

Ohne Dreckecken,

ohne Problemviertel,

ohne No-go-Areas

und ohne Verkehrsunfälle.

Kein Krankenhaus ist erforderlich.

Auch ein Tempel oder eine Kirche

wird nicht benötigt,

weil auch so alles erfüllt ist von Liebe zum Leben.

Im himmlischen Jerusalem

An dem Tag,

der gar kein Tag mehr ist.

Kirche fällt auseinander

Eines Tages,

dort in der Ewigkeit,

da fallen die Wände der Kirche um,

da bricht das Dach des Tempels entzwei,

da fällt das Minarett in sich zusammen,

und die Wände der Synagoge bersten.

Luft und Licht durchströmen alles.

Keine Grenzen mehr für den heiligen Raum,

alles findet im Freien statt.

Da fliegen die Vögel ungehindert

durch den heiligen Raum

und zwitschern ihr Loblied.

Da braucht das Heilige

keine Abschottung mehr.

Da wohnt Gott nicht

in einem Gebäude, von Menschen geschaffen.

Er wohnt in der Weite

an dem Tag,

der kein Tag mehr ist,

an dem Ort,

der kein Ort ist.

Sprachfähigkeit

Eines Tages,

dort in der Ewigkeit,

können wir über alles reden.

Lange und ausführlich.

Gründlicher als wir es kannten.

Die Verstummten tun den Mund auf.

Die Sprachlosigkeit verfliegt,

Freund und Feind verstehen sich,

begreifen neu,

was den anderen umtreibt.

Viel Zeit haben wir

zum Sprechen

und zum Zuhören.

Ja es wird lange zugehört.

Immer wieder aufs Neue.

Und die Worte sind klar,

damit sie für alle die gleiche Bedeutung haben.

So versteht sich die Menschheit

an dem Tag,

der kein Tag mehr ist,

an dem Ort,

der kein Ort ist.

Teil von etwas Größerem

Eines Tages,

dort in der Ewigkeit,

ordne ich mein Leben anders ein.

Ich bin nicht isoliert,

ich war nie isoliert,

sondern vernetzt.

Ich war und bin Teil von etwas Größerem,

Teil von Gottes großer Bewegung

hin zu mehr Humanität.

Gott war und ist in Bewegung

mit seinem ganzen Kosmos,

mit seinen Millionen Lichtjahren.

Er war in Bewegung,

er ist in Bewegung

und wird unterwegs sein

durch die Jahrhunderte,

Jahrtausende,

und Jahrmillionen

hin zu mehr Mitmenschlichkeit.

Mit vielen Erfolgen und Tiefschlägen

und doch einer erkennbaren Richtung.

Gottes Weg mit dem Kosmos

zu dem Ziel universeller Liebe,

und ich ein klitzekleiner Teil des Weges.

Ich spüre:

Ich gehöre in diese Bewegung hinein.

Mir war es nicht immer bewusst.

Ich habe mich nicht immer so verhalten.

Und doch gehöre ich in diese Bewegung hinein.

Das spüre ich an diesem Tag

der kein Tag mehr ist,

an dem Ort,

der kein Ort ist.

Da fehlt einer

Eines Tages,
dort in der Ewigkeit -
Jesus wandert gerade durch den Garten -
gerät er auf einmal ins Stocken.
Da fehlt doch noch einer, sagt er.
Ja, sagen die Menschen,
die dort mit ihm spazieren gehen.
Einer ist zum Glück nicht hier:
Du weißt schon,
der Despot,
der uns so viel Leid zugefügt hat,
der immer nur ausgegrenzt hat
und verachtet.
Wir haben das Leben lang unter ihm gelitten.
Zum Glück ist er weg.
Eine der Frauen fügte hinzu:
Er hat auch dich verhöhnt, Jesus,
durch Wort und Tat.
Er hat sogar Gott selbst verhöhnt
mit seinen blasphemischen Reden.

Jesus wiegt den Kopf hin und her.

Ich werde mich um ihn kümmern,

sagt er.

Und er findet keine Ruhe,

bis er auch diesen Übeltäter

hereingeholt hat

in die große Versöhnung.

Allerdings

staunen wir alle

als wir ihn sehen.

So sehr hat er sich verändert.

Dann alles Boshafte ist nicht mehr da.

Das Böse ist verrottet,

und aus dem Humus ist Gutes gewachsen

an dem Tag,

der kein Tag mehr ist,

an dem Ort,

der kein Ort ist,

Befreite Schöpfung

Eines Tages,

dort in der Ewigkeit,

ist die ganze Schöpfung

befreit.

Die Insekten verkümmern nicht,

und die großen Wildtiere vermehren sich wieder.

Wie sehr die Erde doch gelitten hat,

nicht nur an sich selbst,

sondern besonders an den Menschen,

die alles umgekrempelt haben,

mit ihren Maschinen,

alles aufgerissen,

aufgewühlt,

zerlegt,

und in Beton gegossen.

Ein neues Gleichgewicht

wirkt und waltet

an dem Tag,

der gar kein Tag mehr ist,

an dem Ort,

der kein Ort ist.

Reflektion

Die christlichen Vorstellungen vom Jenseits haben deutlich einen überindividuellen Aspekt. Es ist nie ein privates Jenseits gemeint, das nur für mich da wäre.

Den Kirchen wurde ja manchmal vorgeworfen, sie würden nur eine individuelle und daher letztlich irrelevante Erlösung predigen. Falsch, die Vorstellung vom Privathimmel ist nicht christlich und eher krank als gesund. Es geht um den Himmel, der „über allen" aufgeht.

Die Entwicklung dieser Welt kann man sich durchaus positiv vorstellen, sowohl im astrophysikalischen Bereich als auch im historischen. In der Astrophysik kann man beobachten, dass Materie sich zu immer höheren Einheiten zusammenfindet, anstatt sich ins Unendliche zu zerstreuen und zu verdünnen. Historisch gesehen ist die Geschichte der Menschheit meiner Ansicht nach erkennbar eine Geschichte zum Besseren. Gerechtigkeit, gleiche Würde aller Menschen, Bekämpfung von Leid ist heutzutage natürlich nicht perfekt verwirklicht, aber deutlich weiter fortgeschritten als in antiken Zeiten. Viele Fakten sprechen dafür. Es gibt meiner Meinung nach eine Bewegung zum Guten, auch wenn wir durch die Medien und ihre Katastrophenmeldungen oft mit dem Gegenteil bombardiert werden nach dem Motto: „Nur schlechte Nachrichten sind gute

Nachrichten". Eine Bewegung zum Guten, an der ich im ganz kleinen und bescheidenen Maße mitarbeite?

Zu den Jenseitsbildern gehört jedenfalls immer auch die gesellschaftliche und politische Utopie, schon in biblischer Zeit in der sogenannten Apokalyptik, verfasst von Menschen, die unter besonderer politischer Ungerechtigkeit gelitten haben, die besonders bedrückt waren. Ein anderer Gedanke: Zu einer guten Religiosität gehört Toleranz, meine ich. Wir sind im Himmel nicht allein, ein Ausschließlichkeitsanspruch nur für die eigene Religion macht Gott klein.

Wie ist es für Sie?

Gibt es in Ihren Hoffnungsbildern einen „Himmel" für alle, vielleicht ganz irdisch als Friedensreich gedacht?

Oder eher nur für die Angehörigen Ihres Glaubens?

Oder nur für die „Guten"?

Oder nur für Sie selbst und Ihre Angehörigen?

Wie stehen Sie dazu?

Und können Sie sich den Himmel urban vorstellen? Als Stadt?

Wie würde Ihre „himmlische Stadt" aussehen?

Und können Sie sich vorstellen, Teil einer weltgeschichtlichen Bewegung zu sein, die zum Guten führt?

Die noch nicht so weit sind

Trauernde und Angehörige

Eines Tages,
dort in der Ewigkeit,
habe ich den Abschied hinter mir.
Es fiel mir sehr schwer
Abschied zu nehmen
von denen, die ich zurücklasse.
Es hat mir wehgetan.
Aber ich weiß:
Sie werden mir folgen.
Sie werden auch auf die weite Reise gehen,
die ich schon gegangen bin.
Ob wir uns wiedersehen werden?
Ich erhoffe es mir
für dem Tag,
der kein Tag mehr ist,
für den Ort,
der kein Ort ist.

Lachen der Engel

Eines Tages,

dort in der Ewigkeit,

höre ich ein Lachen.

Und ich sehe

eine Gruppe von Engeln zusammenstehen.

Sie zeigen immer nach unten,

und lachen.

Sie kriegen sich gar nicht ein.

Ihr Gelächter steckt mich an.

Und ich frage:

Worüber lacht ihr so?

Ha, antwortet einer,

guck doch mal.

Und ich folge mit dem Blick seinem Arm.

Ich sehe eine Gruppe von Frauen und Männern dastehen

in einem Raum voller Fahnen.

Sie rangeln um den besten Platz für das Foto,

schieben sich gegenseitig hin und her.

Na und?

frage ich.

Und der Engel antwortet:

Siehst du es nicht?

Siehst du nicht, wie aufgeblasen manche sind

da unten?

Sie tun so, als wären sie ungeheuer wichtig.

Ihr Jackett hängt voller Orden.

Sie sind immer in der Wagenkolonne unterwegs.

Sie haben immer einen Tross von Reportern um sich.

Sie lachen selten,

und schon gar nicht über sich selbst.

Aber sie verkünden immer erste Angelegenheiten.

Dabei haben sie ständig Angst,

negativ in die Presse zu kommen.

Wenn uns Engeln langweilig wird,

dann sehen wir ihnen zu und amüsieren uns.

Und der Engel setzt hinzu:

Manchmal machen wir uns über sie lustig,

manchmal müssen wir auch weinen,

wenn wir daran denken, wieviel Schaden sie anrichten.

Auch diese Menschen verdienen

Heilung,

auch sie haben es nötig

für den Tag,

der kein Tag mehr ist,

für den Ort,

der kein Ort ist.

Liebevoller Blick aus dem Jenseits

Eines Tages,

dort in der Ewigkeit,

begreifen wir,

wie sehr wir uns geirrt haben,

wieviel Unsinniges wir

gedacht

und gemacht haben,

wieviel unsinnige Ängste wir hatten,

wie viele unsinnige Hoffnungen auch,

wie wir uns selbst sinnlos wehgetan haben,

und auch anderen.

Dann verstehen wir vieles,

was uns vorher

nicht im Traum eingefallen wäre.

Dann sehen wir unseren Lebenslauf

liebevoller an

als vorher,

wir beurteilen unsere Irrtümer gütiger.

Auch das ist Befreiung

an dem Tag,

der kein Tag mehr ist,

bis zu dem Ort,

der kein Ort ist.

Reflektion

Ein Stück Bescheidenheit gehört zu Leben. Aus der Sicht des Todes ist manches Konkurrenzdenken, manches alltägliche Drängeln wirklich eher komisch als ernst zu nehmen. Der Papst Johannes XXIII soll ja bei seiner Wahl angesichts seiner Ängste vor dem neuen Amt die Stimme Gottes gehört haben: „Giovanni, nimm dich nicht so wichtig". Ein Stück Bescheidenheit, man könnte auch sagen Demut, gehört eben auch zum wahren Leben.

Genauso sind aus der Sicht einer gereiften Persönlichkeit manche Ängste und manche Leidenschaften der jungen Jahre nur noch mit einer Prise Humor zu verstehen. Wohlgemerkt, mit gütigem Humor.

Am Humor zeigt sich auch die religiöse Grundhaltung eines Menschen. Man kann sich der Religion total unterwerfen, man kann revoltieren, man kann indifferent sein und gleichgültig. Oder man kann sich aus der religiösen Haltung heraus einen gütigen Blick aneignen und dann mit Humor auf manche Verstiegenheiten des eigenen Lebens schauen. Vielleicht ist es tatsächlich so: Dass jemand echt und tief religiös ist, kann man vielleicht daran erkennen, dass er über sich selbst lachen und sich selbst ein wenig auf die Schippe nehmen kann.

Merkwürdig fand ich, dass einer meiner leidenschaftlich atheistischen Freunde, der daran glaubt, dass nach dem Tod nichts kommt, mir einmal Folgendes sagte: Das Tröstliche bei der Thematik des Todes ist, dass meine Frau und ich dann im Nichts vereint sind. Ich musste lachen, dann ich fand es merkwürdig und witzig, wie das Nichts so auf einmal wieder Qualität bekam.

Das Bedürfnis, mit den Angehörigen vereint zu sein, ist anscheinend riesengroß. Der Mensch ist halt ein Beziehungswesen. Und wenn ich die Angehörigen nicht direkt auf meinem Wege ins Jenseits mitnehmen oder dort von ihnen empfangen werden kann, dann werde ich eben darauf warten, dass ich sie eines Tages wiedersehe.

Versuchen Sie einmal, sich die Frage zu beantworten, ob Sie jemanden wiedersehen möchten. Und wenn ja, wen?

Und versuchen Sie, einmal aus der Perspektive eines Sterbenden oder Toten das Alltagsleben der Menschen zu betrachten. Fallen Ihnen Dinge ein, über die Sie lächeln können?

Stille und Einheit

Der Ewigkeit entgegen

Eines Tages,
dort in der Ewigkeit,
sage ich mir:
Dies ist der Tag,
dem ich entgegengelebt habe.
Dies ist der Tag,
dem ich entgegengelebt habe,
seit vielen Jahren,
mal mehr,
mal weniger bewusst.
Der Ewigkeit entgegenleben,
das klingt anders als
altern und sterben.
Jetzt bin ich ganz da
an dem Ort,
der kein Ort mehr ist
an dem Tag,
der kein Tag ist.

Die große Ruhe

Eines Tages

dort in der Ewigkeit,

ist Ruhe eingetreten,

wie es vorhergesagt war.

Es ist noch eine Ruhe vorhanden

für das Volk Gottes,

eine große Ruhe,

eine wohltuende Ruhe.

Aber etwas wird in der Ruhe

leise

und wie selbstverständlich

entstehen,

etwas Erhabenes und Wunderbares.

Was wird da werden

an dem Tag,

der kein Tag mehr ist,

an dem Ort,

der kein Ort ist?

Der Engel der Versöhnung

Eines Tages,

dort in der Ewigkeit,

steht ein Engel in der Wüste.

Drei riesengroße Scheinwerfer sind um ihn aufgebaut.

Ein roter, der seine ganze Umgebung rot einfärbt.

Ein grüner, um den herum alles grün ist.

Ein blauer. Fast scheint er in einem See zu stehen.

Aber der Engel ist nicht rot, nicht grün oder blau.

Sein Gewand ist strahlend weiß.

Sein Gesicht und seine Haare scheinen zu leuchten.

Er hat ein weißes Buch in der Hand.

Er liest daraus vor.

Alle Dinge,

die im Leben getrennt erscheinen,

gegensätzlich,

gehören in Wirklichkeit zusammen:

Leid und Freude,

Lachen und Tränen,

Liebe und Strenge

Wut und Sanftheit.

Alles gehört zusammen.

Gegensätze spielen keine Rolle mehr

an dem Ort,

der kein Ort mehr ist,

an dem Tag,

der kein Tag ist.

Schwach, aber stark

Eines Tages,
dort in der Ewigkeit,
verstehe ich es endlich:
Wenn ich schwach bin,
dann bin ich stark.
Meine Stärke liegt woanders
als ich früher immer gedacht habe.
Wie schwach und auf Hilfe angewiesen sind viele
mit ihrem lauten Auftreten,
die ich früher für stark gehalten habe.
Nein, meine Stärke liegt darin,
vertrauen zu können,
ganz im Vertrauen zu leben,
in einer glücklich machenden Welt,
in einer beglückenden Beziehung
zum Höchsten
an dem Tag,
der kein Tag mehr ist,
an dem Ort,
der kein Ort mehr ist.

Weltall

Eines Tages,

dort in der Ewigkeit,

erlebe ich den Kosmos neu

in einer Schau,

die ich nicht mit Worten ausdrücken kann.

Selten,

aber doch hin und wieder

gab es kurze Momente,

in denen ich glaubte,

alles zu verstehen.

Momente,

da erhaschte ich schon

einen Blick über die Grenze,

wie in Trance.

Momente,

da war schon eine winzige Ahnung

von dem Ganzen,

von mystischer Harmonie,

von unvergesslicher Schönheit des Weltalls

und des kleinsten atomaren Teilchens.

Ich gehöre mit zu diesem Kosmos.

Und manchmal leuchtete in mir etwas davon auf,

sekundenlang,

bis ich wieder getrennt war.

Aber jetzt spüre ich,

dass ich dem Kosmos Gottes angehöre,

dass mein Leben ein Teil des kosmischen Spiels ist.

Mein kleines Leben

Teil

des prachtvollen kosmischen Spiels

an dem Tag,

der kein Tag mehr ist,

an dem Ort,

der kein Ort ist.

Eingehen in die Natur

Eines Tages,

dort in der Ewigkeit,

gehe ich ein in die Natur.

Da ist eine Bergwiese.

Eine friedliche Bergwiese.

Und ich gehe ein in das Leben dort.

In die Pflanzen.

Ich bin ein Teil der Pflanzen.

In den Bach.

Ich bin ein Teil des Baches.

In die Berge

Ich bin ein Teil des Berges.

In die Wolke

Ich bin ein Teil der Wolke.

In den Schmetterling.

Ich bin ein Teil des Schmetterlings.

Warum soll ich unfroh sein,

wenn ich diese Verschmelzung erlebe?

Wer gestorben ist, ist an einem guten Ort.

Es ist eine Art der Freiheit

an jenen Ort,

der kein Ort ist.

Meditation ist in unserer Zeit ein häufiger Versuch, etwas Heilsames für die eigene Seele zu tun. Darin kommt das starke Bedürfnis vieler nachdenklicher Zeitgenossen und Zeitgenossinnen zum Ausdruck, zu Stille und Einheit zu finden: Harmonie, Nicht-Getrenntsein, Verschmelzung mit dem Kosmos, Frieden, ungebrochene liebevolle Vereinigung, Ruhe. Dabei ist die Ruhe nicht Erstarrung, sondern die Ruhe ist energetisch: Aus der Ruhe kommt die Kraft, wie man sagt.

Mich erinnert das an Wünsche, wieder in einen frühkindlichen Zustand zurückzufinden, bei dem der Säugling noch kein abgegrenztes Ich ist, sondern in einer ungetrennten Symbiose mit der als allmächtig erlebten Mutter existiert.

Besonders die Mystiker der unterschiedlichen Religionen, die Sufis im Islam, die Chassidim der jüdischen Religion, die Mystiker des Christentums, die Yogis des Hinduismus und Buddhismus haben diesen Zustand angestrebt, bei dem alles in Einheit verschmilzt: Die eigenen Wünsche und Erwartungen lösen sich in Luft auf, sogar die eigenen religiösen Erwartungen, die Benennbarkeit und das Gegenüber Gottes verschwindet. Der Unterschied zwischen Alltag und Festtag, zwischen Heiligem und Profanem verschwindet: Kartoffelschälen wird Beten und Beten wird so einfach und selbstverständlich wie Kartoffelschälen. Alles wird eins in einem liebevollen unendlichen Atemzug, in dem der göttliche Kosmos sich selbst atmet – durch mich hindurch. Ich merke, dass ich von diesem Ziel der Meditation nur in poetischen Ausdrücken sprechen, und dass ich es anstrebe, aber eigentlich nicht erreichen kann.

Diese mystische Einheit ist für sehr viele Leute Ziel der Religion: „Ich will anstatt an mich zu denken, ins Meer der Liebe mich versenken", so dichtet der christliche Mystiker Gerhard Tersteegen, und ich möchte aus seinem Lied mit dem Titel „Gott ist gegenwärtig" noch einen ganzen Vers zitieren:

„Luft die alles füllet, drin wir immer schweben, aller Dinge Grund und Leben. Meer ohn Grund und Ende, Wunder aller Wunder, ich senk mich in dich hinunter. Ich in dir, du in mir, lass mich ganz verschwinden, dich nur sehn und finden".

Klar, dass zu dieser Einheit auch die Natur gehört, die wir nicht mehr als Objekt unseres Schaffens und Wirtschaftens sehen, sondern als ein Du und ein Wesen von gleicher Art wie ich selbst, ja ein Teil von mir.

Und klar auch, dass sich diese unio mystika, diese mystische Vereinigung sehr gut verträgt mit dem Lobpreis Gottes, wobei Gott eben nicht als getrennt verstanden wird, sondern als Symbol dieser einen umfassenden liebevollen atmenden Energie, die durch mich hindurchgeht wie auch durch alle Lebewesen und durch den ganzen Kosmos.

Wie ist es für Sie?

Sagt Ihnen diese Vorstellung der unio mystika etwas?

Haben Sie schon einmal bei irgendeiner Gelegenheit einen Hauch davon gespürt?

Wie geht es Ihnen, wenn Sie einmal versuchen, Gott, wie immer Sie ihn verstehen, zu loben?

Vielleicht haben Sie einen anderen Namen für Gott: Kraft des Lebens, oder Ursprung von allem, was ist, oder wie auch immer. Das ist jetzt nicht wichtig.

Und wenn Sie Gott loben, wie geht es Ihnen dabei?

Spüren Sie dann etwas?

Und wie würden Sie dieses Gefühl beschreiben?

Und wenn Sie nichts spüren, vermissen Sie dieses Gefühl?

Oder sind Sie auch ohne ganz zufrieden? Wie sieht es für Sie aus?

Jenseits des Jenseits

Tausend Jahre

Eines Tages,

dort an der Grenze der Ewigkeit,

herrscht Christus tausend Jahre lang,

wie es schon in der Bibel hieß.

Eine Ewigkeit von Tagen

führt er eine gerechte Gesellschaft an.

Nicht ein Jenseits, in dem alles anders ist,

sondern ganz irdisch

einen Staat, in dem alle Leiden wieder gut gemacht werden

und alle glücklich sein können.

Vielleicht gibt es eine Göttlichkeit,

die uns

in ihrer ganzen Fülle

selbst im Jenseits noch

verschlossen bleibt.

Vielleicht können wir uns nur annähern,

selbst im ewigen Reich der Freude.

Allerhöchstens.

Vielleicht ist das Höchste, was wir erleben können,

ein Zwischenzustand

unter der Führung von Jesus.

Eine Gemeinschaft,

in der die Musik schön und glorreich klingt,

die Liebe ehrlich ist,

und die Seele frei atmen kann.

Ein Zustand,

bei dem die Zeitungen

nicht mehr von der Bosheit der Menschen erzählen

und von den alltäglichen Gefahren,

sondern von grenzenloser Solidarität,

Gerechtigkeit und Wahrheit.

Vielleicht bleibt Gott

immer ein Stück entfernt,

selbst in der Ewigkeit.

Vielleicht ist es uns nicht gegeben,

Gott zu schauen von Angesicht zu Angesicht,

sondern nur dieses tausendjährige Zeitalter,

an dem Christus Alpha und Omega ist,

tausende Tage,

die kein Tag mehr sind,

Orte,

die kein Ort sind.

Leiser Hauch

Eines Tages,

dort in der Ewigkeit,

macht sich Gott erfahrbar.

Nicht total und komplett,

immer noch schützt er uns Menschen.

Er geht vorüber.

Erst ein Sturm,

der an der Bergwand rüttelt.

Gott ist nicht in dem Sturm.

Dann ein Erdbeben.

Auch in dem Erdbeben

ist Gott nicht.

Dann ein Feuer.

Nein,

auch darin ist er nicht.

Zuletzt ein leiser Hauch.

Und der ist überwältigend genug.

Ein leiser Hauch vom Größten,

das reicht,

das ist genug

an dem Tag,

der kein Tag mehr ist,

an dem Ort,

der kein Ort ist.

Von Angesicht zu Angesicht

Eines Tages,

dort in der Ewigkeit

schauen wir Gott,

so heißt es,

von Angesicht zu Angesicht.

Früher können wir nur ahnen,

uns nur in Bildern annähern,

nur stückchenweise erkennen.

Aber dann verstehen wir mehr von Gott

in aller Bescheidenheit.

Und wir werden von Gott,

tiefer erkannt,

wie wir sind,

in aller Wahrheit.

Sich nicht mehr verstellen müssen,

nicht mehr sein Image pflegen müssen,

seine Performance optimieren

und so weiter.

Sein dürfen,

wie man ist,

und dabei liebevoll wahrgenommen werden.

Das ist Sehen in der anderen Welt

von Angesicht zu Angesicht

an dem Tag,

der kein Tag mehr ist,

an dem Ort,

der kein Ort ist.

Nicht mehr fremd

Eines Tages,

dort in der Ewigkeit,

bin ich nicht mehr fremd,

nicht mehr ausgeschlossen.

Ewigkeit ist nicht mehr das,

wovon ich getrennt bin,

was ich schmerzhaft vermisse.

Früher habe ich die Grenze gespürt,

strengte mich an,

strampelte mich ab,

mühte mich mit aller Kraft

und blieb doch immer draußen.

Oft unbefriedigt

und voller Trauer.

Nur manchmal bekam ich einen Vorgeschmack

von dem, was hinter der Grenze ist.

In meinen Träumen

im Schlaf,

in seltenen Augenblicken der Liebe

und völliger Hingabe.

Das war durchaus schön.

Seltene Höhepunkte der Lebendigkeit.

Aber nun ist die Grenze verschwunden,

und es ist überwältigend.

Ich bin da,

schon jetzt,

an dem Ort,

der kein Ort mehr ist.

In Bezug auf Gott bleiben wir immer in einem Status des Nichtwissens. Gott bleibt immer ein Geheimnis. Unsere Versuche und Phantasien, die wir uns notwendigerweise machen, bleiben nur Annäherungen und sind nicht endgültige Wahrheit.

Ja noch mehr: Gott bleibt auch immer ein bisschen jenseitig, er kann nicht verfügbar sein, auch in der Ewigkeit nicht. Zum Begriff Gott gehört, dass er bei aller Zugewandtheit und Menschenliebe einen Aspekt hat, der sich entzieht. Man kann sich Gottes nicht bemächtigen. Wenn man es versucht, entschwindet er. Gut zu wissen, nicht nur für Theologen.

Es spiegelt sich in dem Namen Gottes wider, der sich in der Bibel Jahwe nennt. Übersetzt: „Ich bin der, der sein wird". Anders übersetzt: „Ich bin, der ich bin". Noch anders: „Über mir bleibt ein Geheimnis, vertraut mir nur. Ich bin jetzt in der Gegenwart nicht einfach auffindbar, nicht einfach festzumachen. Ich werde mich erst zeigen".

Es liegt eine tiefe Weisheit darin, Gott so zu verstehen. Wer Gott sicher in der Tasche zu haben glaubt, dem ist er entschwunden. Das hat gute Religion schon immer gewusst.

Dabei gibt es übrigens eine interessante Parallele zur Naturwissenschaft. In ihr wird immer wieder eines festgestellt: In dem Moment, wo sie – sehr erfolgreich – die Grenze des Gewussten wieder ein Stück hinausschieben und mehr Wissen generieren kann, tauchen vor ihr dutzende neuer Rätsel auf. Wer seine Antworten für letztgültige, ewige Wahrheiten hält, dem entgleiten sie und mit ihnen die wissenschaftliche Offenheit.

Und so kommen manche beim Nachdenken über das Jenseits zu der Meinung, selbst im Tode Gott nicht in seiner ganzen Fülle verstehen zu können, sondern selbst dann immer noch nur bildhaft und in Annäherungen. Manche denken eben auch im Bezug auf das Jenseits nicht nur an die offenbare Nähe und Verständlichkeit Gottes, sondern auch an dieses Element der Unverfügbarkeit.

Aber vielleicht werden wir Gott, den Grund von allem, was ist, doch „von Angesicht zu Angesicht" schauen, was denken Sie?

Zuletzt

Überraschung

Eines Tages,

als wir in die Ewigkeit kamen,

waren wir überrascht.

Wir staunten,

ja wir kamen aus dem Staunen nicht mehr heraus.

Wir haben uns vielleicht unsere Gedanken gemacht.

Wir haben uns unsere Bilder ausgemalt.

Aber es ist doch alles ganz anders,

noch ganz anders,

als wir uns in unserer hirnorganischen Enge

ausdenken konnten,

in unserem neurobiologischen Gefängnis.

Gott ist Gott.

Und großartig ist seine Präsenz.

Und ganz anders

als alle unsere Ahnungen,

unsere blinden Tastversuche von früher

an jedem Tag

an jedem Ort.

Die Hölle

Eines Tages,

dort in der Ewigkeit,

erwartet dich keine Hölle.

Garantiert nicht!

Ein Ort ewigen Leidens:

Das wäre eher eine sadistische Phantasie

als eine spirituelle Realität.

Eines Tages,

dort in der Ewigkeit,

erwartet dich

ein liebender Gott.

Für Gott selbst wäre es die „Hölle",

wenn seine geliebten Geschöpfe leiden müssten

in ewiger Qual.

Nein, dort erwartet dich

unendliche Liebe,

bedingungslose Liebe.

Schade,

wenn du deine Kraft vergeudest

in dem vergeblichen Versuch,

dich selbst von dieser Liebe auszuschließen.

Vielleicht haben die Menschen früherer Zeiten

das Hölle genannt:

Den anstrengenden

krampfhaften

Versuch, sich selbst auszuschließen.

Es gibt kein Höllenfeuer,

nur die brennende Kraft göttlicher Liebe

an dem Tag,

der kein Tag mehr ist,

an dem Ort,

der kein Ort mehr ist.

You get what you believe

Nehmen wir einmal an:

Eines Tages,

dort in der Ewigkeit,

bekommst Du, was du glaubst.

Genau das, was du glaubst.

Also entweder unzerstörbares Leben,

erfüllt von Liebe und Sinn,

von Gemeinschaft, Gefühl und Gesang,

oder eben das Nichts,

bei dem man noch nicht einmal Eigenschaften

benennen kann:

Das Nichts eben

für die, die glauben,

dass sie aus dem Nichts kommen und ins Nichts gehen.

Nehmen wir einen Moment an,

es wäre so.

You get what you believe.

Würde es sich da nicht doch lohnen,

einmal in der Phantasie in die Ewigkeit zu springen

und sich damit zu befreunden?

Aber vielleicht hat der liebe Gott so viel Humor,

den Nichts-Gläubigen

sogar ihr Nichts in Farbe und Licht zu verwandeln.

Wir werden es sehen

an dem Tag,

der kein Tag mehr ist,

an dem Ort,

der kein Ort ist.

Zuletzt

Sag mir doch keiner,

Wirklichkeit ist nur,

was die empirische Wissenschaft wirklich nennt.

Die Wissenschaft sieht nur einen Teil

und blendet anderes aus.

Wirklich ist, was wirkt,

wirklich gut ist, was heilt.

Innere Bilder sind Wirklichkeiten,

Glaubensvorstellungen sind Wirklichkeiten.

Denken und Fühlen

von dir und mir

sind Wirklichkeiten,

sind mehr als die Funktion von Neurotransmittern.

Liebe zum Beispiel ist nicht nur eine hormonelle Anoma-
lität,

Liebe ist eine Wirklichkeit.

Verantwortung ist eine Wirklichkeit,

wenn nicht, wären wir alle wie Kleinkinder.

Der Mensch steht mit den Füßen auf der Erde,

aber er ist nicht nur aus Erde gemacht,

sondern hat Anteil am Himmel,

im Diesseits schon

und dann um so mehr

an allen Tagen

und allen Orten.

Was möchten Sie glauben? Auch wenn Sie wissen, dass Sie vielleicht eine Überraschung erleben werden und sich geirrt haben könnten.

Worauf möchten Sie Ihr Vertrauen richten?

Oder verwenden Sie Ihre Energie komplett auf den Widerspruch, also darauf, zu beweisen, dass die eine oder andere Meinung unrichtig ist?

Schrecklich ist es, wenn Menschen Angst vor einer jenseitigen Hölle haben, ich nehme darum den Begriff Hölle gar nicht gerne in den Mund. Leider gibt es diese Angst immer noch, aber im christlichen Bereich nur noch selten. Meiner Ansicht nach ist die Hölle verschlossen, man kommt nicht hinein, man müsste sich schon permanent sehr anstrengen, um dort hineinzukommen. Die Hölle ist zu, wie der große Theologe Karl Barth gesagt hat.

Bleiben wir bei den Bildern vom Himmel.

Wenn Sie bisher kein Bild gefunden haben, das für Sie das Jenseits repräsentiert, und Sie vermissen nichts, dann ist es gut so.

Wenn Sie keines gefunden haben, vermissen aber etwas, dann könnte es ein guter Tipp sein, dass Sie sich ihre

Träume einmal aufschreiben und mit einer in Traumdeutung erfahrenen Therapeutin oder einem erfahrenen Seelsorger darüber sprechen. Vielleicht findet sich in Ihren Träumen etwas, was Ihnen guttut.

Wenn Sie ein Bild gefunden haben, dass Ihrer seelischen Bedürfnislage und Aktivität entspricht, dann bringen Sie es ruhig in ihre Meditation oder in Ihr Gebet. So wird das Hoffnungsbild Mittelpunkt eines persönlichen Rituals. Vielleicht wird das Ihnen ein Stück Trost und Befreiung geben

Und bitte lassen Sie sich nicht von der Fehlerhaftigkeit der Kirchen abhalten! Man muss Glaube und Kirche unterscheiden können, Kirche ist menschliche Institution, ist fehlerhaft, ist auch ein Ort der Sünde. Aber sie stellt einen Ort dar, an dem über Religion kommuniziert werden kann, immerhin. Gott ist erhaben, Kirche nicht. Wenn die Kirche Fehler macht, sollte man sich nicht von seinem Gottvertrauen abbringen lassen.

Und verharren Sie auch bitte nicht bei dem Gedanken, dass Gottvertrauen und Wissenschaft sich ausschließen. Sie stehen nicht in einem Widerspruch zueinander, sondern in einem Verhältnis gegenseitiger Ergänzung.

Albert Einstein hat einmal gesagt „Im unbegreiflichen Weltall offenbart sich eine grenzenlos überlegene Vernunft. – Die gängige Vorstellung, ich sei ein Atheist, beruht

auf einem großen Irrtum. Wer sie aus meinen wissenschaft-
lichen Theorien herausliest, hat diese kaum begriffen."

Nachwort und Dank

Wenn Sie dieses Buch selbst gekauft haben und bis hierhin gelesen haben, vielen Dank. Ich hoffe, dass Sie zufrieden mit Ihrem Kauf sind. Meiner Ansicht nach hat das Buch sein Ziel erreicht, wenn Sie ins Nachdenken über Ihre eigenen Ewigkeitsvorstellungen gekommen sind.

Wenn Sie das Buch geschenkt bekommen haben und es gefällt Ihnen nicht, dann vergessen Sie es.

Wenn Sie es aber geschenkt bekommen haben und es hat Ihnen gefallen, dann kaufen Sie ein Exemplar und schenken es an jemand anderen weiter.

Auf jeden Fall können Sie mir unter der Mailadresse

deuwen@aol.com

ein Feedback geben oder Ihre eigenen Gedanken schreiben. Ich kann nicht garantieren, dass ich jede Mail beantworte. Aber wer weiß, was sich daraus an weiteren Anregungen ergibt.

Es gibt einige Menschen, ohne die das Buch nicht zustande gekommen wäre. Da sind einmal die vielen, die mit mir über Ewigkeitsvorstellungen gesprochen und mir Anregungen gegeben haben, Leute aus dem kirchlichen Umfeld, aber auch andere, mit denen ich eher zufällig ins Gespräch kam. Als eine von Ihnen möchte ich Frau Jutta Schaer nennen, mit der ich ein wichtiges Gespräch mit der Einkaufstüte in der Hand vor der Edekafiliale geführt habe. Ihnen allen gebührt mein herzlicher Dank. Besonders zu nennen sind Klaus Waller, ohne dessen Ermutigung und konkrete Hilfe das Buch nicht zustande gekommen wäre, meine Erstleser und Erstleserinnen Antje Wenzel-Kassmer, Rainer Ollesch und Dietrich Voorgang, die mir ganz wichtige Anregungen gegeben und mit ihrer Kritik geholfen haben.

Literaturhinweise

Reinhard Körner, Warum ich an das ewige Leben glaube, Leipzig (ohne Jahreszahl)
Ein wissenschaftlich fundiertes, trotzdem persönliches Buch zum Thema.

Hans Kessler (Hg.), Auferstehung der Toten. Ein Hoffnungsentwurf im Blick heutiger Naturwissenschaften, Darmstadt 2004.
In diesem Sammelband wird sehr stark der Dialog mit den Naturwissenschaften geführt.

Hans-Ulrich Wiese, Auferstehung ins Leben, Freiburg im Breisgau 2013
Aus der Sicht der Krankenhausseelsorge geschrieben, aber in sehr theologisch-wissenschaftlicher Fachsprache.

Thomas A. Seidel und Ulrich Schacht (Hgg.), Georgiana, Neue theologische Perspektiven Bd. 2, Tod, wo ist dein Stachel? Leipzig 2017
Eine abwechslungsreiche Sammlung von unterschiedlichen Texten, vom theologischen Essay bis zur modernen Lyrik

Romano Guardini, die letzten Dinge, Würzburg 1940
Ein Schatz theologischer Einsichten, gut nachvollziehbar geschrieben.

Der Autor

Detlef Wendler hat als evangelischer Klinikpfarrer langjährige Erfahrungen auf dem Gebiet der Seelsorge erworben und sehr viele Menschen begleitet, die sich mit dem Sterben, dem Tod und dem Jenseits auseinandergesetzt haben. Als systemischer und konstruktivistischer Supervisor hat er sich unter anderem mit der Frage beschäftigt, welche Auswirkungen innere Bilder für die seelische Gesundheit haben. Er lebt mit seiner Frau in Krefeld.

Mehr über seine Tätigkeit als Supervisor und als Publizist können Sie auf der Homepage www.detlef-wendler.de erfahren.

Weitere Veröffentlichungen

Detlef Wendler, Was du suchst, das hast du schon. Eine Anleitung zu heilsamer Spiritualität. Kreuz Verlag Stuttgart 2007

Detlef Wendler. Wie du bist, ist es gut. 366 Tage heilsame Spiritualität. Kreuz Verlag Stuttgart 2008

Detlef Wendler, Vom Glück des Gehens. Ein Weg zur Lebenskunst. Claudius Verlag München 2010

Detlef Wendler, Vom Zauber des Schlafs. Ein Weg zur Lebenskunst. Claudius Verlag München 2011

Detlef Wendler, Beten - Heilsame Kräfte entdecken. Matthias Grünwald Verlag, Ostfildern 2012

Detlef Wendler, Wieder verliebt ins Leben. 40 heilsame Übungen, Claudius Verlag München 2014

Detlef Wendler, In deiner Trauer bist du stark. Herder Verlag München 2015

Detlef Wendler, Wutzimmer, Schmetterlinge und andere Gotteserfahrungen, BoD Norderstedt 2016